L

LO MEJOR • A

SEVILLA

DE CERCA

MARGOT MOLINA

Sumario

Puesta a punto 4

Plaza de España (p. 115).
WIRESTOCK CREATORS/SHUTTERSTOCK ©

Explorar Sevilla 39

Merece la pena

Guía práctica 147

Imprescindible

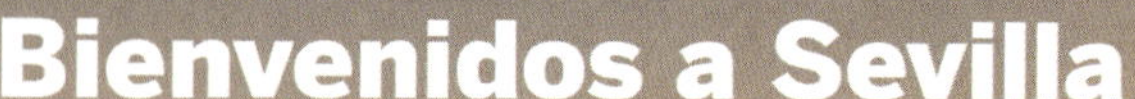

Bienvenidos a Sevilla

No por repetido deja de ser cierto: "Quien no ha visto Sevilla, no ha visto maravilla". Esta ciudad envuelve y cautiva al visitante con una mezcla de belleza y sentimiento. Sus monumentos, como la imponente catedral gótica, epicentro de uno de los cascos antiguos más extensos de Europa, resultan la perfecta puesta en escena para una ciudad que eclosiona en primavera y disfruta de la calle como ninguna otra.

Puesta de sol en el puente de Triana.
LUCVI/SHUTTERSTOCK ©

Las mejores experiencias

Adentrarse en el maravillloso universo del gótico en la catedral (p. 42)

SERHIO_GAYDN/SHUTTERSTOCK ©

Deambular por la Real Alcázar para acercarse al corazón del poder de la ciudad y de sus mitos (p. 46)

Conocer lo mejor del barroco español en el Museo de Bellas Artes y respirar la paz conventual (p. 50)

EVE LIVESEY / GETTY IMAGES ©

CRISTINA QUICLER / GETTY IMAGES ©

Emocionarse con la oferta artística del Centro Andaluz de Arte Contemporáneo, La Cartuja (p. 134)

Dónde comer

La cocina de Sevilla debe mucho a sus más de cinco siglos (712-1248) de cultura musulmana-andalusí, una convivencia que trajo las verduras y hortalizas y que se fusionó con las recetas más proteicas de los conquistadores cristianos. Sin embargo, en la repostería, la tradición musulmana ha permanecido casi intacta.

Cocina andaluza

Eslava Un clásico que mima el producto y no renuncia a la innovación. Un lugar al que siempre se quiere volver. (p. 86)

La Barra de Inchausti Cocina marinera tradicional. Recomendables sus tortillitas de camarones y los guisos de pescado. (p. 61)

Casa Manolo León Un gran patio andaluz donde probar los típicos sabores de la tierra en un ambiente acogedor y romántico. (p. 88)

El Pan Nuestro Ubicado en un bello edificio regionalista, este nuevo local ofrece a sus clientes con buenas recetas servidas en un agradable espacio. (p. 64)

Gastrobares

La Azotea Sus originales y elaboradas tapas hacen que sus tres locales estén siempre llenos. (p. 86)

Tradevo La materia prima ecológica y de temporada es la base de su cocina, donde juegan a cambiar formatos y texturas en sus dos ubicaciones. (p. 122)

La Casa del Tigre Recetas tradicionales a las que el chef ha dado una vuelta de tuerca en una casa con una divertida historia. (p. 88)

Bache San Pedro Pequeñas porciones de alta cocina en las que reinan los productos del mar y la sierra gaditanos. (p. 87)

Olivares Bar sin pretensiones en el que se apuesta por el producto local elaborado con métodos de alta cocina. Sus precios están muy ajustados. (p. 89)

Zelai Un lugar chic que se atreve con las últimas técnicas culinarias. (p. 62)

Puratasca Uno de los primeros gastrobares de la ciudad, con la cocina a la vista de los clientes. (p. 107)

Cocina de autor

Abantal Creatividad con máximo respeto a la materia prima; uno de los restaurantes de Sevilla con estrella Michelin. (p. 64)

Tribeca Innovación a partir de productos de temporada y comprometido con el Slow Food. (p. 64)

Sobretablas Una referencia para los *gourmets*, donde brillan la creatividad y el servicio. (p. 120)

Interior del restaurante De la O.

Cañabota Visita imprescindible para los amantes del pescado y el marisco. En el 2022 ha recibido una estrella Michelin. (p. 63)

De la O Una carta corta que cambia casi a diario elaborada con productos ecológicos y servida con mucho esmero. (p. 103)

Espacio T Cocina de proximidad, tanto por el producto como por el local en el que el chef cocina junto a los comensales. Solo entran 16 personas. (p. 64)

Cocina con vistas

El Duende Desde el piso 34º de Torre Sevilla se ve casi toda la ciudad. (p. 140)

Abades Triana Vistas insuperables del Guadalquivir y la Torre del Oro. (p. 104)

María Trifulca Cocina sevillana renovada, en la antigua estación fluvial donde los barcos unían Sevilla y Sanlúcar, con una perfecta panorámica sobre el río. (p. 105)

Una suculenta cita clandestina

El Clandestino Experience recuerda a los bares ocultos en los que se servía alcohol durante la Prohibición en EE UU. El chef Rafa Dorado y el sumiller Alex Weston son los anfitriones de esta cena de 10 pasos llena de sorpresas en la que la dirección del local no se conoce hasta un día antes y se entra con santo y seña. Una cita inolvidable. (☎ 644 129 361; www.elclandestinoexperience.com; reservas por teléfono o escribir a info@elclandestinoexperience.com; menú degustación con maridaje 100 €)

Mercados y tiendas

Los mercados de abastos siempre han formado parte del día a día de la ciudad. Pasaron por sus horas más bajas en los años ochenta y a principios de los noventa, amenazados por el poderío de las grandes superficies. Pero, por fortuna, las prioridades de los consumidores, más cuidadosos con el medio ambiente, han cambiado.

Artesanía

El fuerte de Sevilla es la artesanía. Su cerámica ya era famosa en época de los romanos, como lo son los mantones de Manila bordados a mano, los abanicos o los delicados trabajos de orfebrería.

Dulces

La repostería ocupa un lugar de honor en la oferta de la ciudad. Además de las delicias de La Campana (p. 72), hay dulces que salen de los tornos de algunos conventos y que pueden encontrarse también en **El Torno** (☎954 219 190; pl. Cabildo s/n; www.dulceseltorno.com; ⌚10.30-19.00 lu, mi, vi y sa, 10.30-15.00 ma, ju y do, cerrado jul y ago).

Mercados de abastos

Mercado de Feria Ocupa un edificio de principios del s. XVIII y es el que mejor ha conservado su estructura original. Bullicioso, rodeado de bares, varios dentro de la propia plaza, cuenta con algunos puestos de jóvenes emprendedores. (p. 81)

Mercado de Triana Entre sus puestos de fruta, verdura, pescado o sus bien surtidos bares asoman las ruinas del antiguo castillo de San Jorge. (p. 99; foto)

Mercado de la Encarnación Escondido debajo de la estructura del Metropol Parasol, este mercado alterna puestos de viandas con otros de artesanía y bares. (p. 84)

Mercado del Arenal (c. Pastor y Landero s/n; ⌚9.00-15.00 y 17.30-20.30 lu-vi, 9.00-15.00 sa) El edificio, de Juan Talavera y Heredia, está muy cerca de la plaza de la Maestranza, por lo que despachan buen rabo de toro en temporada.

Mercadillos

El Jueves Parecido a El Rastro madrileño, pero a menor escala. Los vendedores se colocan a lo largo de la calle Feria. (p. 81)

Paseo de Arte Los domingos, el paseo de Nuestra Señora de la O se transforma

Mercado de Triana.

en un gran mercadillo de artistas y artesanos. (p. 99)

Mercado del Postigo (c. Arfe s/n; 10.00-20.00 lu-do y fest; C3, C4, 22, 26 y 25 M Puerta de Jerez) Cerámica, cristal, esmaltes, piel... todo hecho a mano por una asociación de artesanos.

Mercadillo de Arte (pl. del Museo; 8.00-15.00) Pintura, escultura, dibujos y grabados ocupan esta plaza, antesala del Museo de Bellas Artes, cada domingo.

Zoco de Libros (11.00-18.30) El segundo sábado de cada mes, la calle San Luis acoge un mercadillo en el que todo está relacionado con las letras y el mundo de la edición.

Tiendas

Arjé Precioso contenedor con una amplia oferta de cerámica, complementos y artesanía. Mil ideas para un regalo. (p. 71)

Caótica Una gran librería en la que se puede encontrar casi de todo, tomar un café o asistir a una cata literaria. (p. 73)

Estraperlo Tienda de alimentos ecológicos y de comida preparada. Además, organiza talleres de cocina. (p. 123)

Pan con Tomate Divertidos complementos y moda informal. (p. 93)

Triana Antigua tienda de la fábrica de Cerámica Santa Ana, con cerámica artesanal pintada a mano. (p. 111)

Rutas del Vino

Esta bonita y bien surtida tienda de vinos ofrece unas 500 referencias de DO de toda España. Además, organiza catas comentadas (desde 18 €) en español e inglés. (625 360 186; www.lasrutasdelvino.com; c. Fuenteovejuna 6; 10.00-14.00 y 17.30-20.30 lu-vi, 10.30-14.00 sa nov-jun, 10.30-14.00 lu-sa jul, 10.00-14.00 y 18.00-21,00 lu-vi, 10.30-14.00 sa sep y oct, cerrado ago; C1, C2, 22, 28, 29 y 52)

Tapas

Salir de tapas en Sevilla es una liturgia de obligado cumplimiento. En los altares de la gastronomía, actualmente la cocina española no se entiende sin esos pequeños anticipos culinarios. Aliños, adobos, guisos de carne, ensaladillas, etc.; cualquier cosa que se coma puede convertirse en tapa.

La verdad sobre las tapas

Hay que estar dispuesto a estar de pie, pues las mesas suelen estar ocupadas. En Sevilla las tapas se pagan, no están incluidas en el precio de la bebida, aunque tapear resulta siempre más económico que una comida formal en un restaurante; se come bien con dos o tres tapas. Los sevillanos suelen peregrinar de un bar a otro, pero no tiene por qué ser siempre así. Un consejo para no equivocarse nunca: la mejor tapa de cada establecimiento siempre es la más popular.

Cultura de tapas

Si algo sorprende siempre al visitante en Sevilla es ver cómo la gente disfruta de la calle; se trasnocha incluso entre semana y las terrazas de los bares están llenas casi siempre. Esta costumbre se encuentra arraigada en el tiempo, como bien recogen las crónicas. El tratadista y censor Ibn 'Abdun escribía en el s. XII: "Deberá quitarse las armas a los mozos que vayan a una fiesta, antes de que se emborrachen [...] deben suprimirse los músicos callejeros". Mientras que Théophile Gautier, en 1840, encontró virtudes donde otros hallaron defectos: "El ayer la ocupa poco; y el mañana, menos aún; vive siempre en el presente". *Carpe diem*, que diría Horacio.

Tradicionales

Las Golondrinas Sus parroquianos no pierden la oportunidad de tomar el aliño de alcachofas con tomate o las puntas de solomillo. (p. 104)

Bar Giralda Disfrutar de unas tapas en un *hammam* del s. XII, rehabilitado tras

Casa Cuesta.

una gran obra en el 2020, es algo impagable. (p. 66)

Blanca Paloma Tapas de siempre, sin experimentos ni sofisticaciones. Destacan las de presa ibérica, los aliños y la ensaladilla. (p. 108)

Casa Morales Ha cambiado muy poco desde que abrió en 1850, sirve *montaíto* de *pringá* (carne del cocido) o bacalao con salmorejo. (p. 66)

Casa Robles Un clásico donde destaca la buena materia prima, especialmente el pescado y los productos ibéricos. (p. 61)

Las Teresas El turístico barrio de Santa Cruz aún conserva rincones en los que el tiempo se detuvo, como este bar abierto en 1870. (p. 66)

Casa Román Es uno de los establecimientos en los que mejor se corta el jamón ibérico. (p. 66)

Casa Cuesta Pescado frito, revueltos, menudo (callos), espinacas con garbanzos: cocina sevillana en estado puro. (p. 107, foto)

De autor

Eslava Ganador en varias ediciones del certamen "Sevilla en Boca de Todos", con creaciones como huevo a baja temperatura sobre bizcocho de boletus y trufa. (p. 86)

La Barra del Cañabota Originales apuestas culinarias basadas en todo lo que sale del mar. (p. 63)

La Tienda de la Azotea Toda una experiencia para conocer su cocina en pequeñas porciones. (p. 87)

Bache San Pedro Alta cocina cercana y honesta en un ambiente informal y a precios asequibles. (p. 87)

Olivares Un nuevo local a tener en cuenta con productos de cercanía y una buena dosis de originalidad. (p. 89)

El Aljibe Además de novedosas propuestas, con sabores latinoamericanos, en su terraza se puede disfrutar de las tapas. (p. 88)

Ignacio Vidal Incluye una larga lista de tapas de creación. (p. 124)

Arquitectura monumental

Sevilla alcanzó su mayor gloria entre finales del s. XVI y principios del s. XVIII. Gracias al oro de las llamadas Indias, el arte y la arquitectura florecieron y la convirtieron en la capital del mundo. El Renacimiento y especialmente el barroco marcaron para siempre su fisonomía, aunque sin olvidar su pasado musulmán y mudéjar.

Almohade y mudéjar

Entre los años 712 y 1248, los musulmanes cambiaron el aspecto de Sevilla, la fortificaron con una muralla que la rodeaba y erigieron importantes obras de arquitectura civil y religiosa, de las que aún se conservan buenas muestras.

Cuando los cristianos tomaron la ciudad surgió el mudéjar, una síntesis de los materiales y técnicas hispano-musulmanes con las formas románicas y góticas que trajeron los conquistadores castellanos.

Del gótico al Renacimiento

El culmen del gótico es la catedral, el mayor templo del mundo en el que predomina este estilo. Grandes vanos, elevadas cúpulas y un tratamiento muy especial de la luz que baña los interiores. Carlos V, que celebró su boda con Isabel de Portugal en Sevilla en 1526, impulsó las primeras obras renacentistas en la ciudad, como el ayuntamiento, muestra notable de gótico plateresco.

Triunfo del barroco

El estilo con más arraigo en Sevilla es, sin lugar a dudas, el barroco. Prueba de ello son maravillas como la iglesia de San Luis de los Franceses o el palacio de San Telmo, que acoge actualmente la presidencia de la Junta de Andalucía. El *horror vacui* tan característico del barroco sigue vigente en muchas manifestaciones urbanas, especialmente en las de carácter religioso.

LAPAS77//SHUTTERSTOCK ©

Baños de Doña María de Padilla, Real Alcázar.

Almohade y mudéjar

La Giralda El más bello ejemplo de arquitectura almohade del s. XII que conserva la ciudad. (p. 45)

Torre del Oro Otra muestra, en este caso defensiva y del s. XIII, del buen hacer de los almohades. (p. 117)

Real Alcázar El palacio del rey Don Pedro en el Alcázar, del s. XIV, es la obra cumbre del mudéjar en Sevilla. (p. 46; foto)

Reales Atarazanas Estructura industrial del s. XIII en la que se sintetizan el mudéjar y el gótico. Está en rehabilitación. (p. 59)

Espacio Santa Clara El infante don Fadrique levantó aquí su palacio en el s. XIII, del que queda la torre románico-gótica. En el s. XVI se convirtió en un convento renacentista. (p. 83)

Palacio de los Marqueses de la Algaba Conjunto de casas mudéjares de los ss. XV-XVI, que después fue palacio. (p. 81)

Gótico y Renacimiento

Catedral Joya del gótico español, aunque su dilatada construcción, entre los ss. XV-XVI, añadió partes renacentistas y barrocas. (p. 42)

Ayuntamiento Magnífico ejemplo del plateresco del s. XVI, un estilo que se dio en España en la transición del gótico al Renacimiento. (p. 58)

Monasterio de Santa María de las Cuevas Como otros grandes conjuntos, es una suma de estilos: desde su iglesia gótica del s. XV hasta la parte monacal renacentista o la barroca capilla de Afuera. (p. 134)

Archivo General de Indias Levantado en el s. XVI como Casa Lonja de Mercaderes, se trata de un bello y armónico ejemplo de la arquitectura renacentista de Juan de Herrera. (p. 58)

Casa de Pilatos Palacio mudéjar adaptado al gusto renacentista en el s. XVI. (p. 56)

Palacio de Las Dueñas El conjunto se remonta al s. XV, y aún conserva vestigios de su original estilo gótico-mudéjar, aunque su aspecto actual es renacentista. (p. 83)

Convento de la Merced Calzada (Museo de Bellas Artes) Obra de Juan de Oviedo de principios del s. XVII y ejemplo de manierismo andaluz. (p. 50)

Real Fábrica de Tabacos Enorme edificio industrial realizado en el s. XVIII, pero de inspiración renacentista herreriana y con añadidos barrocos. (p. 118)

Barroco

Palacio de San Telmo Modelo de arquitectura civil firmada por tres miembros de la saga de arquitectos Figueroa; destaca su portada churrigueresca. (p. 117)

San Luis de los Franceses Obra cumbre de Leonardo de Figueroa, de principios del s. XVIII, con una fachada en piedra y ladrillo que recuerda las formas de un retablo. (p. 84)

Iglesia del Salvador Otro de los ejemplos del buen hacer y la majestuosidad de Leonardo de Figueroa, de los ss. XVII-XVIII. (p. 56)

Real iglesia de Santa Ana Aunque se levantó en el s. XIII en estilo gótico-mudéjar, después de sufrir los efectos de dos terremotos, su aspecto es, principalmente, barroco. (p. 101)

Hospital de la Caridad Los ideales de Miguel Mañara traducidos a la iconografía barroca inspiran la iglesia y el resto de este conjunto del s. XVII. (p. 59)

Hospital de los Venerables Complejo barroco firmado por Leonardo de Figueroa a finales del s. XVII. (p. 56; foto)

Fresco de Valdé Leal en la sacristía en el techo del Hospital de los Venerables.

Plaza de la Real Maestranza de Caballería Comenzada a construirse a finales del s. XVIII, permaneció fiel a la estética barroca, aunque tardó más de un siglo en completarse. (p. 70)

Revivir la historia

Una forma divertida de evocar la historia de algunos monumentos de la ciudad es conocerlos de la mano de **Engranajes Culturales** (954 043 851; c. Habana 17, Casa de la Moneda; www.engranajesculturales.com), una empresa creada por historiadores del arte que 'despiertan' a los antiguos moradores de cada espacio para que sean ellos mismos quienes guíen a los visitantes. Se puede visitar el cementerio de San Fernando acompañados por don Juan Tenorio en persona (vi-do nov) o conocer el palacio de Las Dueñas disfrutando de actuaciones de flamenco en distintas estancias (un sa al mes; 23 €). Sus recorridos teatralizados (precios y horarios en la web), que a veces incluyen paseos nocturnos o por las cubiertas de los edificios, se realizan en el Hospital de la Caridad, la Casa de Pilatos, el Museo de Bellas Artes, el Hospital de los Venerables, San Luis de los Franceses, la casa de los Pinelo, el palacio de la Condesa de Lebrija o el convento de Santa Paula.

Vistas

Sevilla es una ciudad llana, de forma que, para obtener una buena vista, hay que subir a alguna atalaya. La mejor es la Giralda, pero hay más. Para disfrutar de una panorámica del río a su paso por el centro histórico se recomienda la Torre del Oro, aunque es más glamuroso tomarse una copa en alguna de las azoteas de varios hoteles.

RICARDO ALGAR/SHUTTERSTOCK ©

La iglesia de la Enunciación vista desde el Metropol Parasol.

Desde arriba

Giralda Panorámica insuperable desde sus 96 m en el centro monumental. (p. 45)

Cubiertas de la catedral El recorrido ofrece perspectivas inéditas. (p. 44)

Torre del Oro Desde la terraza de esta torre albarrana se domina el río. (p. 117)

Metropol Parasol Espectaculares vistas. (p. 83)

Torre Schindler El río y La Cartuja adquieren otra dimensión. (p. 139)

Torre Sevilla Este rascacielos de 180 m y 40 plantas es el edificio más alto de Andalucía. Diseñado por César Pelli y abierto en el 2015, cuenta con un mirador desde el que se abarca casi toda la ciudad (c. Gonzalo Jiménez de Quesada 2; Mirador planta 37; adultos/5-11 años/hasta 4 años 8/6 €/gratis, 19.00 a 1.00 el precio es 16 € con consumición; 11.00-19.00 do-ju, 11.00-1.00 vi y sa; C1, C2, 5 y 6).

Con una copa

Hotel EME Catedral Escaleras y pasarelas conectan varias terrazas desde las que parece que se puede tocar la catedral. (p. 149)

Hotel Inglaterra Una amplia y animada terraza desde donde admirar la Plaza Nueva y la catedral. (p. 148)

Hotel Querencia Su terraza es una de las últimas incorporaciones a las copas 'de altura' y ofrece una vista de 360° a un tiro de piedra del Ayuntamiento. (p. 149)

Hotel Los Seises Su terraza, Pura Vida, es también una sala de conciertos con la ciudad como telón de fondo. (p. 149)

Terraza Kivir Culmina el moderno hotel y domina el puente de Triana (954 591 343; paseo de Cristóbal Colón 3; 12.30-23.00 do-ju, 12.30-02.00 vi y sa).

Hotel Doña María Es magnífico para contemplar la Giralda al atardecer. (p. 149)

Soho Boutique Catedral Su terraza es ideal para disfrutar del panorama. (p. 149)

H10 Casa de la Plata Su amplio Rooftop Bar ofrece una inédita vista de las cubiertas de la colegiata del Salvador y de las calles de la Alfalfa. (p. 149)

Terraza El Mirador Copas y cena en la azotea del hotel Vincci La Rábida. (p. 149)

Parques y jardines

SOPOTNICKI/SHUTTERSTOCK ©

Real Alcázar.

El parque de María Luisa es el corazón verde, el más espectacular de sus salones al aire libre, salpicado de imponentes edificios. Pero Sevilla tiene también otros rincones en los que triunfa la vegetación, desde los históricos jardines del Real Alcázar hasta las grandes extensiones de bosque mediterráneo del parque del Alamillo.

Parques y jardines isleños

La isla de La Cartuja se ha convertido en la gran reserva natural de la ciudad desde que la Exposición Universal de 1992 la transformó radicalmente. Además del inmenso parque del Alamillo, un lugar ideal para meriendas, paseos o celebraciones, la isla guarda sorpresas como los desconocidos jardines del Guadalquivir, un gran espacio en el que arte contemporáneo y naturaleza van de la mano. Sin abandonar la isla, el visitante puede imaginar la austeridad de la vida cartujana en el huerto del monasterio de Santa María de las Cuevas.

La playa de Sevilla

Lo que los sevillanos llaman río Guadalquivir es, en realidad, una dársena que discurre por el antiguo cauce del río y que está cegada al norte por la "corta" de La Cartuja, de forma que las orillas de estas domesticadas aguas se han convertido en lugar de recreo, una especie de playa en la que está prohibido bañarse, pero no remar, pescar, navegar o, fuera del agua, correr, pedalear o lucirse con el monopatín. El paseo se extiende desde el muelle de las Delicias hasta el parque de San Jerónimo, coronado por la enorme escultura *El nacimiento del hombre nuevo,* del ruso Zurab Tsereteli, a la que todos llaman "El huevo de Colón".

Parques y jardines

Parque de María Luisa Es el parque público favorito. (p. 114; foto dcha.)

ZU SANCHEZ PHOTOGRAPHY/GETTY IMAGES ©

Parque de María Luisa.

Jardines del Real Alcázar Sofisticados diseños que guardan siglos de historia, jardinería incluida. (p. 46; foto izda.)

Jardín del palacio de San Telmo Una recreación moderna del que existió en el s. XIX. Puede conocerse durante la visita guiada. (p. 117)

Huerto del monasterio de la Cartuja Sabia mezcla entre lo ornamental y lo doméstico que conserva varios hitos arquitectónicos. (p. 134)

Jardines de la Buhaira Ubicado en la huerta de recreo del rey poeta Al-Mutamid (s. XI), entre las avenidas de la Buhaira y de Eduardo Dato, este jardín histórico conserva una alberca islámica y recrea su vegetación originaria. (☎955 473 232; entrada gratis; 🕒8.00-22.00 lu-do nov-mar, 8.00-24.00 lu-do abr-oct; 🚌C1, C2, 22, 28, 29 y 52)

Jardín Americano A sus exóticas plantas y árboles del Nuevo Continente se suma el atractivo de una pasarela fluvial paralela a la orilla del río. (p. 140)

Jardines del Guadalquivir Entre la naturaleza pueden verse esculturas de arte contemporáneo creadas para este espacio en 1992. (p. 140)

Parque del Alamillo Nada menos que 60 Ha para sentirse como en plena naturaleza, pero a tiro de piedra de la ciudad. (p. 140)

Consejos

- Se recomienda alquilar una bicicleta en **Sevici** (p. 150) para pasear junto al río.
- Los barcos de **Cruceros Torre del Oro** (p. 126) circulan todo el año entre los puentes del V Centenario y de Triana (www.crucerosensevilla.com), además de ofrecer otras rutas e incluso a medida, según el presupuesto del viajero.

Museos

PEPE MORÓN ©

Museo de Bellas Artes.

Aunque el plato fuerte local es el arte barroco, la ciudad tiene una larga historia que, en los últimos años, se ha empezado a desempolvar con espacios como el Antiquarium, el Centro de Interpretación del Arte Mudéjar, el Centro de Cerámica de Triana o el nuevo Exploraterra.

Museos de historia

Como en cualquier otro enclave milenario, las civilizaciones se superponen, de forma que cualquier obra que se acomete destapa huellas de los anteriores moradores. El Antiquarium permite recorrer gran parte de la historia de la ciudad, desde su época romana hasta la Edad Moderna, con la etapa almohade de por medio; pero estos vestigios pueden verse también en colecciones particulares como la de la Condesa de Lebrija o en el centro municipal dedicado al mudéjar. La historia más cotidiana también tiene un hueco en el Museo de Artes y Costumbres Populares o en un espacio dedicado a la cerámica en Triana.

Historia del arte

Además del omnipresente barroco, que puede apreciarse no solo en el arte y la arquitectura, sino en las tradiciones vivas de la ciudad, Sevilla ha tenido siempre un papel decisivo en la historia del arte contemporáneo. En esta ciudad se fraguó la rebeldía de los primeros abstractos, que comenzaron a finales de la década de 1960 en la galería La Pasarela y, más tarde, con Juana de Aizpuru; y también la eclosión que supuso la figuración sevillana en los años ochenta. Entre las actuales galerías de arte contemporáneo destacan Rafael Ortiz (www.galeriarafaelortiz.com), Alarcón Criado (www.alarconcriado.com), Birimbao (www.birimbao.es), Di Gallery (www.diartgallery.com), Delimbo Gallery (p. 72) o Weber-Lutgen (www.galeria-wl.org).

ANÍBAL TREJO/SHUTTERSTOCK ©

Patio principal del palacio de la Condesa de Lebrija.

Historia

Antiquarium Un viaje en el tiempo para conocer *in situ* cómo fueron las lujosas villas romanas y su arquitectura industrial. (p. 83)

Palacio de la Condesa de Lebrija No todos los días se puede pasear sobre los mejores mosaicos de Itálica y contemplar una gran colección de arqueología decimonónica. (p. 57; foto dcha.)

Palacio de Las Dueñas Abierto al público en el 2016, permite recorrer la residencia más querida de la duquesa de Alba, con obras de José de Ribera, Aníbal Carraci o Sofonisba Anguissola. (p. 83)

Archivo General de Indias Custodia los documentos que generaron los territorios españoles de ultramar durante cuatro siglos, además de acoger muestras temporales. (p. 58)

Museo de Artes y Costumbres Populares Un completo resumen del pasado más reciente de la ciudad a través de sus oficios y artesanía. (p. 120)

Museo Naval La Torre del Oro alberga la historia de la Armada española a través de maquetas, desde la fundación en Sevilla de la Marina de Castilla en 1248. (p. 118)

Centro Cerámica Triana La antigua fábrica de cerámica de Santa Ana se ha remodelado para ilustrar el pasado alfarero del barrio. (p. 102)

Exploraterra Un gran espacio junto a la Torre del Oro para acercarse al espíritu explorador del hombre de todos los tiempos. (p. 119)

Artes plásticas

Museo de Bellas Artes Lugar imprescindible para entender el barroco en España, dotado también de una buena sección de obras del s. XIX. (p. 50; foto izda.)

Museo Catedralicio Grandes obras del barroco. Destacan las pinturas de Pedro de Campaña, Juan de Roelas y Murillo. (p. 42)

Centro Andaluz de Arte Contemporáneo Artes plásticas andaluzas desde el s. XX, incluidas algunas firmas internacionales. (p. 134)

Centro Velázquez Ubicado en el Hospital de los Venerables, se creó en torno al lienzo *Santa Rufina*, de Velázquez, y reúne obras de Herrera el Viejo, Zurbarán, Pacheco o Martínez Montañés. (p. 56)

Para niños

Los sevillanos van con sus hijos a todas partes, de forma que es normal encontrarlos en terrazas de bares y restaurantes, incluso de noche, o en plena bulla de Semana Santa. Pero Sevilla tiene un buen número de espacios abiertos en los que los niños pueden campar a su antojo y divertirse, además de un carril-bici.

Gozar del río

Entre los ss. XVI y XVIII, los galeones remontaban los 80 km del Guadalquivir desde su desembocadura en el Atlántico en Sanlúcar de Barrameda hasta el muelle de la Sal, tramo que todavía hoy es navegable y convierte a Sevilla en el único puerto fluvial de España. Los pequeños amantes de la navegación pueden repetir la travesía de unas 5 h en verano (www.crucerosensevilla.com; may-sep). Si no se dispone de tanto tiempo, durante todo el año el río ofrece una gran diversidad de embarcaciones tripuladas, o que pueden manejar los visitantes.

Cuestiones prácticas

Algunos monumentos son gratis para los menores pero el límite de edad varía. Algunos ejemplos: el Real Alcázar es gratis hasta los 16 años; el Hospital de la Caridad, hasta los 12 años; y en los cruceros que recorren el Guadalquivir no pagan los menores de 12 años.

Actividades

Isla Mágica Un parque de atracciones siempre es un éxito entre los niños, pero este aún lo es más porque está lleno de piratas. (p. 144)

Torre del Oro Además de formar parte del sistema defensivo de la ciudad, alberga el Museo Naval, con cientos de embarcaciones a escala. (p. 117)

Metropol Parasol Ver la ciudad desde las alturas, sobre 'setas' gigantes, es algo así como jugar a ser la menguante y creciente Alicia. (p. 83)

Casa de la Ciencia Cetáceos, minerales y un planetario que cautiva a todos en este museo interactivo. (☎954 232 349; www.casadelaciencia.csic.es; av. María Luisa s/n;

ANÍBAL TREJO/SHUTTERSTOCK ©

Isla Mágica.

general/planetario/combinada 3/3/5 €, menores de 3 años, gratis; 10.00-20.00 ma-do, cerrado med jul-med sep; C1, C2, C4, 5, 28, 29, 30, 31, 34, 37, 38 y 41)

Cubiertas de la catedral La imaginación se dispara en esta especie de bosque de pináculos habitados por gárgolas. Solo para mayores de 12 años. (p. 44)

Pabellón de la Navegación Una muestra interactiva sobre la navegación atlántica con historias basadas en hechos reales. (p. 139)

Muralla almorávide Muralla, foso, almenas y torres; todo lo necesario para dejar volar la imaginación. (p. 85)

Exploraterra La visita incluye descubrir una réplica de la Nao Victoria, la primera que dio la vuelta al mundo. (p. 119)

Teatro Alameda Una programación para los más pequeños en la que caben todos los géneros, hasta el flamenco. (p. 92)

Teatro de la Maestranza El templo de la lírica también ofrece operas y *ballets* para niños. (p. 69)

Museo de Artes y Costumbres Populares Pasear ante sus reproducciones de talleres de artesanos es como jugar a las casitas, pero a gran escala. (p. 120)

Al aire libre

Parque de María Luisa Coches de caballos, paseos en barca por el canal de la plaza de España, bicicletas compartidas, espacio para correr y mucho más. (p. 114)

Jardín Americano Un bosque para perderse y una pasarela sobre el río para soñar con aventuras. (p. 140)

Parque del Alamillo Desde una fiesta de cumpleaños hasta aprender a montar en bicicleta, cualquier actividad tiene cabida en este enorme espacio. (p. 140)

Muelle de las Delicias Donde fondean reproducciones de embarcaciones históricas y que, en ocasiones, se pueden visitar.

Paseo por el río A pie o en bicicleta, recorrer la orilla del río es un deleite para toda la familia. Hay muchas zonas habilitadas para ello.

Alameda de Hércules Aunque está llena de bares, también hay dos parques infantiles y dos fuentes a ras de suelo que, en verano, sirven de duchas para los más atrevidos. (p. 81)

Gratis

En Sevilla se pueden hacer muchas cosas sin tener que rascarse el bolsillo: museos, visitas guiadas a monumentos, iglesias y, por supuesto, pasear por sus parques y jardines. Además, calles y plazas albergan con frecuencia espectáculos dentro de la Bienal de Flamenco o de los festivales de artes escénicas.

Fachada del Archivo General de Indias.

Los mejores museos son gratis para los ciudadanos de la UE, pero, en el caso de tener que pasar por caja, el precio es muy reducido (1,50 €). Las exposiciones que organiza el Ayuntamiento en sus espacios, como la **Sala Atín Aya** (☎955 470 699; www.icas-sevilla.org; c. Arguijo 4; ⏰11.00-14.00 y 17.00-20.00 ma-sa, 11.00-14.00 do y fest, 11.00-14.00 y 18.00-21.00 ma-sa, 11.00-14.00 do y fest may-oct) o en el Espacio Santa Clara (p. 83) también son de entrada libre; así como las de las fundaciones Valentín de Madariaga (p. 120), Cajasol (p. 60) y Unicaja (p. 120). Conviene preguntar siempre en las oficinas de turismo para no perderse estos regalos. Además, contemplar el mayor espectáculo que ofrece la ciudad, la Semana Santa, no cuesta dinero.

Siempre gratis

Parque de María Luisa El gran espacio que aglutina naturaleza, arte y arquitectura. (p. 114; foto dcha.)

Museo de Bellas Artes Obras maestras del barroco. (p. 50)

Real Fábrica de Tabacos Arquitectura de primera y rica historia. (p. 118)

Palacio de San Telmo Una ojeada a un magnífico edificio que es el centro del poder político andaluz. (p. 117)

Archivo General de Indias Imponente guardián del devenir de las conquistas españolas. (p. 58; foto izda.)

Museo de Artes y Costumbres Populares Obras y objetos para recordar cómo vivían las anteriores generaciones. (p. 120)

Palacio de los Marqueses de la Algaba Alberga el Centro de Interpretación del Arte Mudéjar. (p. 81)

Castillo de San Jorge Un paseo por los horrores de la Inquisición *in situ*. (p. 101)

Pabellón de las Tres Culturas Todo tipo de actividades con el Mediterráneo como telón de fondo. (p. 139)

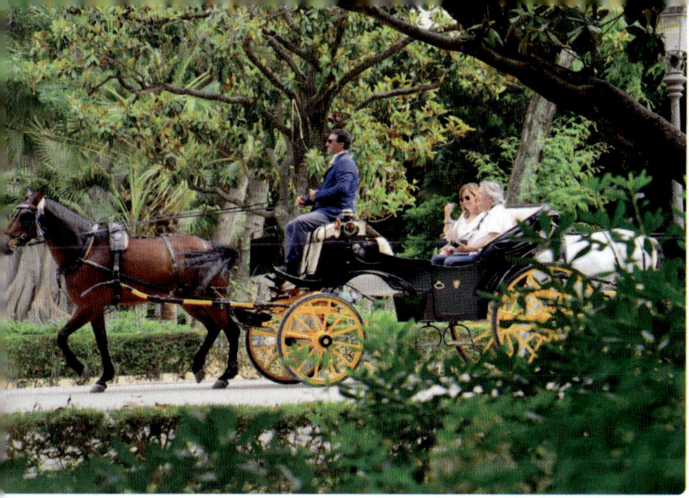

Paseo por el parque de María Luisa.

Templos y conventos gratis

Espacio Santa Clara Un convento transformado en centro cultural, recomendables tanto el continente como el contenido. (p. 83)

Monasterio de Santa María de las Cuevas Todos los sábados y las dos últimas horas del día (⌚19.00-21.00 ma-vi), la entrada al conjunto que acoge el Centro Andaluz de Arte Contemporáneo es gratis. (p. 134)

Santa María la Blanca Ha sido mezquita y sinagoga antes que iglesia y la última rehabilitación ha dejado testigos de sus otras vidas. (p. 60)

Basílica de la Macarena Sede de la Esperanza Macarena, la Virgen a la que todos gritan "guapa" cuando sale en procesión. (p. 86)

Capilla de los Marineros Templo de la famosa imagen de la Virgen de la Esperanza de Triana. (p. 101)

Iglesia de Nuestra Señora de la O Ejemplo de sede de una de las hermandades más antiguas de Triana. (p. 99)

Consejo

- Los templos en los que se cobra entrada, como la catedral, el Salvador o Santa Ana, están abiertos para el culto a determinadas horas, aunque, durante tales servicios, la visita está muy limitada. La Iglesia se ha comprometido a cumplir con la Ley de Patrimonio, lo que implica abrir gratis estos y otros monumentos cuatro días al mes. Se recomienda consultar los calendarios.

Bares

Si un sevillano está de visita en una ciudad desconocida, lo primero que hace es buscar el bar más cercano y entablar conversación con los parroquianos. Esto explica que Sevilla no se entienda sin sus bares, pues son verdaderas ágoras en las que se debate sobre lo divino y lo humano.

El Rinconcillo.

Es difícil encontrar una calle sin un bar y los hay para todos los gustos. La costumbre es ir de uno a otro, dado que el espíritu nómada del hispalense lo predispone a abandonar un lugar cómodo en pos de nuevos horizontes.

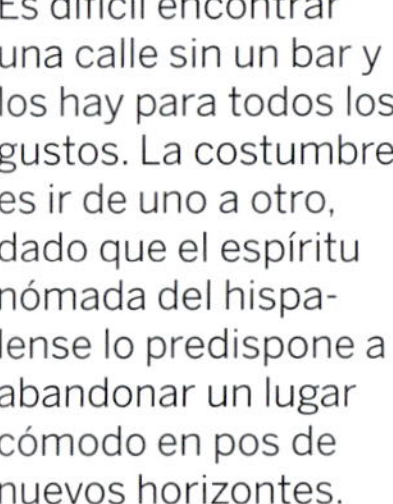

Algunos bares son el centro de la vida cotidiana, el lugar de referencia del vecindario. Casi todos abren todo el día, algunos desde muy temprano para el desayuno. Pero las horas punta de estos establecimientos son las del mediodía, entre las 13.00 y las 16.00, cuando amigos y compañeros de trabajo suelen reunirse para el almuerzo, y tras acabar la jornada laboral, a partir de las 20.00. Todos los bares ofrecen algo que llevarse a la boca para acompañar la bebida, desde un trozo de queso sobre un papel de estraza hasta lo más exquisito.

Con solera

El Rinconcillo El más antiguo de Sevilla, de 1670, y se nota. Una parte del local se renovó a principios del s. XX en plan *art déco.* (p. 88; foto)

Las Teresas Un clásico del barrio de Santa Cruz de finales del s. XIX, muy del gusto de los estudiantes extranjeros. (p. 66)

Giralda Una rehabilitación ha permitido descubrir parte de un magnífico baño árabe del s. XII. (p. 66; foto)

Los Claveles Bodega de 1841 que conserva parte de su decoración, en una recoleta plaza. (p. 91)

Bodega Siglo XVIII Palacio barroco convertido en un amplio local en el que refugiarse cuando el sol aprieta. (p. 108)

Manolo Cateca Coqueta y escondida taberna con una amplia selección de vinos del Marco de Jerez. (p. 69)

Bodega Santa Cruz Más conocido como "Las Columnas", es un lugar para relacionarse en su siempre concurrida barra. (p. 47)

CERVECERÍA GIRALDA ©

Interior del Giralda.

De barrio

Casa Palacios Entrañable establecimiento con un bar y una tienda de comestibles conectados. (p. 124)

Casa Vizcaíno Tasca sin pretensiones con buen vermú y un público de lo más variopinto. (p. 81)

Bar Santa Ana En Triana; sus paredes son como un catálogo de la Semana Santa. (p. 108)

Bodega Camacho Un clásico para tomar caracoles en plena plaza Pumarejo, epicentro del barrio de la Macarena. (p. 81)

Bar Plata Casi todo el que visita la basílica de la Macarena acaba en este concurrido local. (p. 91)

Actuales

Olivares Su animada barra invita a compartir platos y charla. (p. 89)

El Disparate Espacio versátil con una cocina atrevida y moderna, mesas en la calle y una terraza de azotea abierta para las copas. (p. 88)

La Entrañable Taberna con buenas porciones de tortilla de patatas. (p. 109)

Bilindo También se puede beber, e incluso tomar copas, en el parque de María Luisa. (p. 125)

Con vistas

María Trifulca Tiene forma de faro y desde los ventanales que rodean su barra se otean ambas orillas del río: la sevillana y la trianera. (p. 105)

Mi Arma Sevilla Su terraza, a pie de calle, permite admirar la Giralda al completo en toda su esbeltez. (p. 43)

La Antigua Bodeguita Cerveza muy bien tirada y toda la plaza del Salvador a disposición de la clientela, acostumbrada a beber en la calle. (p. 66)

La noche

KIRK FISHER/SHUTTERSTOCK ©

La animada calle Mateos Gago.

A los sevillanos les gusta trasnochar. El clima suave durante casi todo el año parece empujar a la gente fuera de sus casas. De jueves a domingo, bares y restaurantes suelen estar llenos y la fiesta continúa, especialmente por la Alameda de Hércules, aunque también funcionan bastantes terrazas y locales de copas en el centro.

Locales en la Alameda de Hércules

Fun Club Un clásico del pop-*rock* en el que actúan los mejores grupos españoles. (p. 91)

Corral de Esquivel Con una amplia terraza y mucho arte en su interior, todos los noctámbulos lo conocen. (p. 90)

Barón Rampante Punto de referencia para la comunidad gay y amigos. (p. 91)

Itaca Uno de los locales gay más antiguos del país con actuaciones de *drag queens.* (p. 92)

Pride B4R Buenos DJ los fines de semana en un local para 'osos' donde todos los homosexuales son bienvenidos. Solo para chicos. (p. 92)

DJ

Maquiavelo Un espacio multifuncional junto al río y al aire libre en el que también hay sitio para bailar. (p. 122)

Lobby Discoteca con distintos y refinados ambientes en un edificio del s. XIX. (p. 70)

La Casa del Estanque Terraza de copas al aire libre en los jardines de las Delicias, para las noches de primavera y verano. (p. 124)

Bar Chile Un local polivalente que por la noche se transforma en pista de baile, con DJ. (p. 125)

Bilindo En verano, este café, ubicado en el mismo parque de María Luisa, cambia a concurrido local de copas. (p. 125)

Kioscos New York y Manhattan Para bailar a orillas del río, en el muelle de Nueva York, al resguardo de una gran pérgola vegetal. (p. 125)

Flamenco en directo

MARCIN KRZYZAK/SHUTTERSTOCK ©

No se puede abandonar Sevilla sin haber asistido a un espectáculo de flamenco. Si la visita coincide con un año par, en septiembre se celebra la Bienal de Flamenco de Sevilla (www.labienal.com), la mayor cita del género. La próxima se celebra en el 2024 y suele ofrecer unos 70 espectáculos. Se recomienda reservar con un mes de antelación.

Teatros

Teatro Pathé Acoge al **Teatro Flamenco Sevilla** con dos espectáculos diarios, una garantía para no quedarse sin esta imprescindible experiencia. (p. 69)

Teatro de la Maestranza Los grandes del género tienen también un lugar en este templo de la lírica. (p. 69)

La Catedral del Flamenco Sede del Palacio Andaluz, con un escenario para un espectáculo en el que participan 14 artistas. (p. 145)

Auditorio Rocío Jurado Hay flamencos muy populares, capaces de llenar aforos como este, como ocurre en ocasiones. (p. 144)

Teatro Flamenco Triana Pequeño teatro vinculado a la Fundación Cristina Heeren en el que poder disfrutar del baile, el cante y el toque. (p. 110)

Teatro Lope de Vega Uno de los escenarios que incluyen flamenco en su programación. (p. 126)

Otros espacios

La Casa de la Memoria Este lugar nunca falla, con espectáculos todos los días y un ambiente de lo más cálido, por la cercanía con el público. (p. 70)

Museo del Baile Flamenco Espectáculo diario, con entrada independiente o conjunta con el museo. Proyecto impulsado por la bailaora Cristina Hoyos. (☎954 340 311; www.museodelbaileflamenco.com; c Manuel Rojas Marcos 3; museo/espectáculo/combinada 10/25/29 €; ⊙11.00-18.30 lu-do; espectáculos 17.00, 19.00, 20.45)

Peña Torres Macarena Antonio Mairena, El Cabrero o Farruco son algunos de los grandes que han pasado por esta peña desde 1974. Su bar, abierto cuando hay actuaciones (⊙19.30-24.00), es ideal para aprender de los socios. (☎605 931 254; www.peñaflamencatorresmacarena.com; c Torrijiano 29; adultos/hasta 8 años 9-12 €/gratis; ⊙21.00 mi-sa, 21.30 mi-sa may-sep, 13.30-20.00 do tertulia y cante de aficionados gratis, cerrado ago)

Lola de los Reyes Clásico tablao dirigido por la cantaora que le da nombre y en el que los aficionados se encuentran como en familia. (p. 110)

Cuatro días perfectos

Día 1

DRCROWE/SHUTTERSTOCK ©

La visita arranca a lo grande, en la **catedral** (p. 42), sin olvidar subir a la **Giralda** (p. 45), uno de los vértices del triángulo declarado Patrimonio Mundial por la Unesco.

Una buena opción para almorzar es **La Barra de Inchausti** (p. 61), precedida del aperitivo entre las tinajas de **Casa Morales** (p. 66). En la plaza de la Alianza se puede subir a la **terraza del Hotel Doña María** (p. 149) antes de adentrarse en el mágico mundo del **Real Alcázar** (p. 46; foto) y sus jardines.

Al anochecer, es un placer pasear por Santa Cruz y visitar el **Hospital de los Venerables** (p. 56), con una parada en **Casa Román** (p. 66). Después, ya fuera de la zona monumental, se cena de lujo en el **Tribeca** (p. 64), o quizá se opte por un espectáculo del **Teatro de la Maestranza** (p. 69).

Día 2

DONALD THOREBY/SHUTTERSTOCK ©

En la isla de La Cartuja aguarda el **monasterio de Santa María de las Cuevas** (p. 134; foto), contenedor del mejor arte contemporáneo andaluz. Para más emociones, quedan las atracciones de **Isla Mágica** (p. 144) o, en plan más reposado, el **Jardín Americano** (p. 140), con pasarelas sobre el río.

Tras almorzar en el **Mechela** (p. 51) hay que conocer el **Museo de Bellas Artes de Sevilla** (p. 50), que fácilmente ocupará 2-3 h, seguido de un merecido respiro por la **Alameda de Hércules** (p. 81). En este gran bulevar abundan los bares con terraza, como el **Corral de Esquivel** (p. 90) o **El Aljibe** (p. 88). El restaurante **Eslava** (p. 86) es ideal para cenar pero se recomienda reservar.

Día 3

ALEKSANDAR TODOROVIC/SHUTTERSTOCK ©

La **Casa de Pilatos** (p. 56; foto) es el mejor ejemplo de arquitectura renacentista privada en la ciudad, a pocos pasos de la imponente **iglesia del Salvador** (p. 56), obra maestra del barroco. La animada plaza del Salvador es ideal para tomar unas cañas, p. ej., en **La Antigua Bodeguita** (p. 66).

Se almuerza en **El Pan Nuestro** (p. 64), para después –previa reserva– conocer el **ayuntamiento** (p. 58) con una visita guiada. Al lado queda la calle Sierpes, donde aún resisten algunos comercios tradicionales.

Cena y copa pueden coronar la intensa jornada con unas tapas en el **Giralda** (p. 66), unos baños árabes descubiertos tras una rehabilitación, y copa en la terraza del **Hotel Inglaterra** (p. 148), con unas vistas inmejorables.

Día 4

JULIAN MALDONADO/SHUTTERSTOCK ©

En la **plaza de España** (p. 115) se inicia el periplo por el **parque de María Luisa** (p. 114), con 'abrevaderos' tan auténticos como el **Kiosko Abilio** (p. 115).

Tras comer en el **Sobretablas** (p. 120) se vuelve al parque, ahora a la plaza de América, diseñada por Aníbal González para la Exposición de 1929 y sede del **Museo Arqueológico** (p. 118; foto).

Al atardecer se cruza a Triana, y su **iglesia de Santa Ana** (p. 101). Para admirar la arquitectura del barrio, nada mejor que una sesión de buen tapeo por bares como **Las Golondrinas** (p. 104), **Blanca Paloma** (p. 108) y **Casa Cuesta** (p. 107). Para los que prefieran algo más tranquilo está el restaurante **De la O** (p. 103). Y un buen remate sería una copa en el tablao **Lola de los Reyes** (p. 110) que pondrá la merecida guinda a la visita.

Lo esencial

Para más información, véase 'Guía práctica' (p. 147)

Moneda
Euro (€)

Idioma
Español

Visado
No suele necesitarse para estancias de hasta 90 días (nunca para países de la UE y del espacio Schengen). Algunas nacionalidades necesitan un visado Schengen.

Dinero
Hay cajeros automáticos por doquier. Casi todos los establecimientos aceptan tarjetas de crédito.

Teléfonos móviles
Las tarjetas SIM locales se pueden utilizar en teléfonos europeos; no así los móviles estadounidenses, entre otros, que han de adaptarse a la itinerancia.

Hora local
La europea occidental (GMT/UTC + 1 h, o + 2 h en verano).

Propinas
Basta 1-2 € por persona en restaurantes y, si se quiere, redondear en los taxis.

Presupuesto diario

Económico: hasta 90 €

Habitación doble en hostal o pensión: 50-60 €

Almuerzo de menú barato

Visitas a museos gratis

Precio medio: de 90 a 130 €

Habitación doble en hotel de precio medio: 90-110 €; reservar y consultar ofertas por internet

Comidas en restaurante medio o de tapas

Precio alto: desde 130 €

Habitación doble en hotel de cuatro o más estrellas

Almuerzo o cena en buenos restaurantes

Antes de partir

Dos meses antes Reservar cuanto antes el hotel, especialmente para Semana Santa y la Feria de Abril; comprar entradas de ópera y corridas de toros.

Un mes antes Reservar las visitas a las cubiertas de la catedral, el palacio de San Telmo y la nocturna al Real Alcázar.

Dos semanas antes Reservar restaurantes; revisar la oferta de exposiciones temporales y conciertos.

Cómo llegar

Muchos visitantes llegan a través del aeropuerto de Sevilla, 10 km al noreste de la ciudad, o de la estación de trenes de Sevilla-Santa Justa, ubicada en la avenida de Kansas City, uno de los principales accesos al centro.

Aeropuerto de Sevilla

Taxi Existe una tarifa fija única por servicio entre el aeropuerto y cualquier punto de la ciudad, y viceversa, a la que no se añaden suplementos por maletas, pero sí cuando se solicita el servicio por teléfono. (7.00-21.00 lu-vi 24,98 €; 21.00-7.00 lu-vi y 00.00-24.00 sa, do y fest 27,84€; Semana Santa y Feria 34,79 €).

En el aeropuerto En el vestíbulo de llegada de los vuelos internacionales hay cajeros automáticos y oficinas de alquiler de vehículos y de información turística.

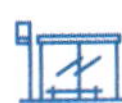

Cómo desplazarse

Lo ideal es caminar, aunque existe una amplia red de autobuses (www.tussam.es). Metro Centro (T1) es un moderno tranvía que, desde San Bernardo, se adentra en la zona peatonal y llega hasta la Plaza Nueva. El Metro tiene una sola línea, desde Ciudad Expo a Olivar de Quintos (www.metro-sevilla.es); el billete sencillo cuesta hasta 1,80 €. Para los autobuses y Metro Centro el billete sencillo cuesta 1,40 € y existen tarjetas turísticas con viajes ilimitados de uno (5 €) o tres días (10 €).

Metro Centro

La T1 es una opción para atravesar la zona monumental sin tener que caminar. El recorrido de la única línea que tiene este tranvía con aspecto de AVE es de 2,2 km.

Autobús

La red de autobuses urbanos es muy amplia y práctica: 45 líneas que dan servicio al centro y alrededores. Los circulares C1 y C2 circulan por el exterior; el C3 y el C4, por el interior; y el C6 recorre la zona norte de La Macarena.

Ciclismo

Sevici es una red urbana de alquiler de bicicletas que ofrece más de 2500 bicis repartidas en 263 áreas de aparcamiento. Se gestiona con tarjetas (www.sevici.es).

Taxi

Hay paradas en los principales puntos de la ciudad y también se pueden parar por la calle.

Metro

La Línea 1 se diseñó para descongestionar el tráfico desde la zona del Aljarafe hacia la ciudad y no es práctica si el visitante se aloja en el centro. Hay cuatro estaciones en el centro: Plaza de Cuba, Puerta de Jerez, Prado de San Sebastián y San Bernardo.

Barrios de Sevilla

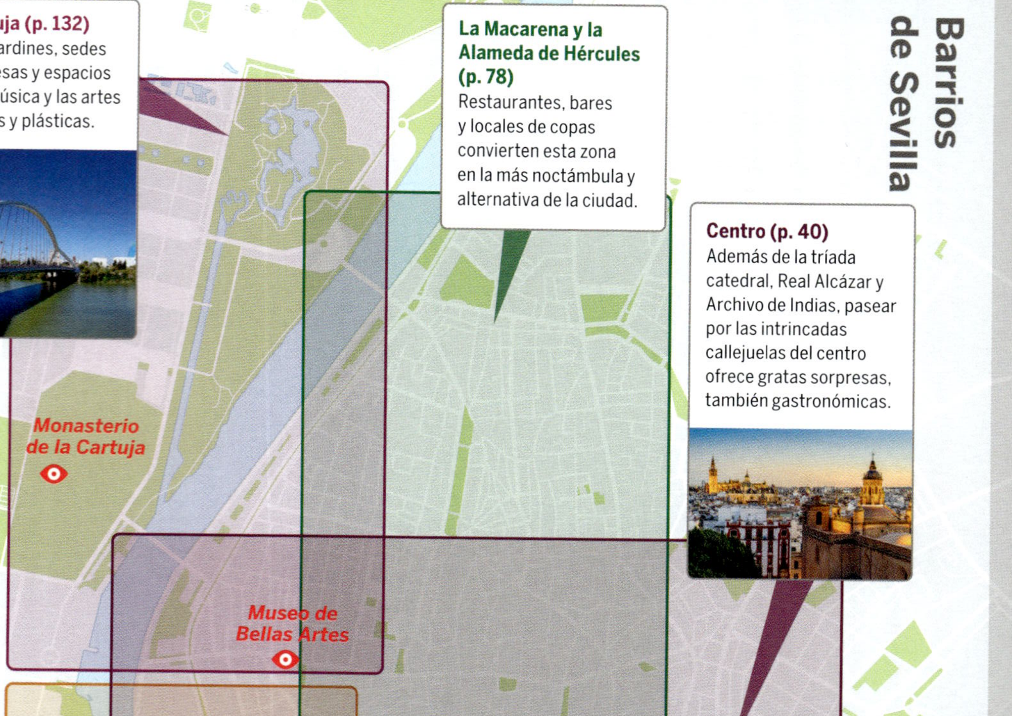

La Cartuja (p. 132)
Isla con jardines, sedes de empresas y espacios para la música y las artes escénicas y plásticas.

La Macarena y la Alameda de Hércules (p. 78)
Restaurantes, bares y locales de copas convierten esta zona en la más noctámbula y alternativa de la ciudad.

Centro (p. 40)
Además de la tríada catedral, Real Alcázar y Archivo de Indias, pasear por las intrincadas callejuelas del centro ofrece gratas sorpresas, también gastronómicas.

Catedral de Santa María de la Sede de Sevilla
Real Alcázar
Triana (p. 96)
Barrio flamenco y alfarero bañado por el Guadalquivir, famoso por el buen tapeo y la calle Betis, todo un balcón a la Sevilla más monumental.
Extramuros y el parque de María Luisa (p. 112)
Paseos románticos por un gran parque con la mejor arquitectura de la Exposición de 1929 y rodeado de buenos y modernos restaurantes.

RODRIGO
CARO

Explorar Sevilla

Circuitos a pie

Plaza de la Alianza, en el barrio de Santa Cruz.
KIRK FISHER/SHUTTERSTOCK ©

Explorar
Centro

Hace más de un milenio, incluso desde antes de Al Mutamid [1069-1090], que el Real Alcázar (p. 46) es el centro de poder de la ciudad y uno de los cascos antiguos más extensos de Europa. Sus casi 4 km² abarcan hoy la catedral y el Archivo de Indias (p. 58), los otros dos monumentos Patrimonio Mundial, además de un laberinto de calles que invita a perderse. Deambular por los jardines del Alcázar, admirar la imponente catedral y su Giralda (p. 45) constituyen un verdadero placer.

Sin abandonar la burbuja de monumentalidad de la ciudad se puede almorzar en la Cervecería Giralda (p. 66), antiguos baños árabes, y seguir por la avenida de la Constitución con sus edificios regionalistas. Desde la Plaza Nueva, se recomienda adentrarse por Sierpes, la vieja arteria comercial de la ciudad, con un dulce remate en La Campana (p. 72).

El palacio de la Condesa de Lebrija (p. 57), con sus mosaicos romanos de la vecina Itálica, merece una visita, al igual que la iglesia del Salvador (p. 56), en una plaza que es parada obligatoria para tomar unas cañas. El círculo se cierra por la calle Hernando Colón de vuelta a la catedral (p. 42), cena en la Casa Robles (p. 61) y una copa en la terraza del Hotel EME Catedral (p. 149).

Cómo llegar y desplazarse

Metro Centro El T1 va de la Plaza Nueva a San Bernardo.

Metro Línea 1 hasta la parada Puerta de Jerez, desde donde se puede caminar.

Autobús C5, C3, C4, 3, 40, 41, 27, 32, 1, 5 y 21.

Plano de la zona en p. 54.

Vista desde el Metropol Parasol (p. 83).

Las mejores experiencias

Emocionarse en la catedral

Théophile Gautier acertó de pleno cuando, impactado por su grandiosidad, la llamó "la montaña hueca". Y es que la catedral de Sevilla, además de una joya del gótico, es el tercer templo cristiano más grande del mundo, solo superado en tamaño por San Pedro, en Roma, y San Pablo, en Londres. Tras recorrer sus inmensas naves, merece la pena subir a la Giralda, el famoso minarete convertido en emblema de la ciudad, y deambular por el patio de los Naranjos.

PLANO P. 54, D5

www.catedraldesevilla.es
c. Fray Ceferino s/n
general/reducida/especial 12/7 €/gratis. Incl. la iglesia del Salvador (p. 56).
11.00-17.00 lu-sa, 14.30-18.00 do nov-mar, 11.00-18.00 lu-sa, 14.30-18.30 do Semana Santa-oct
T1 C5 M Pta de Jerez

Mezquita-catedral

La catedral se erigió sobre la mezquita del s. XII que mandó construir el califa almohade Abu Yacub. Pero antes, durante nada menos que 185 años, los cristianos ya usaron la mezquita, sin apenas cambios, como centro de culto. En diciembre de 1248, tras conquistar la ciudad para el cristianismo, Fernando III *el Santo* [1217-1252] asistió a la misa de consagración que transformó el templo islámico en catedral.

Los cimientos

Los canónigos aprobaron la construcción de la catedral de Sevilla en 1401, pero los historiadores han cuestionado recientemente esta fecha como inicio de las obras y aseguran que, según los documentos existentes, se comenzó en 1433. En lo que sí están de acuerdo todos es en que el mayor templo gótico del mundo se concluyó el 10 de octubre de 1506, fecha que coincidió con la muerte del rey Felipe I *el Hermoso* (sep 1506), lo que obligó a aplazar un año los fastos de su inauguración. El templo tiene planta rectangular, con cinco naves y capillas en los contrafuertes.

Del gótico al siglo XXI

Siempre se cita la catedral de Santa María de la Sede –su nombre oficial– como gótica, pero realmente es la suma de muchos estilos, desde el almohade de la primitiva mezquita hasta el neogótico del s. XIX, cuando se remataron algunas partes. Así pues, en la *magna hispalensis* han dejado su huella el mudéjar, el Renacimiento, el barroco y el neoclasicismo. Y la lista no terminará nunca, ya que la fragilidad de la piedra con la que está construida requiere continuas intervenciones y cada época deja su impronta.

★ Consejos

- Calzado cómodo para subir las 35 rampas de la Giralda, de 96 m de altura. No hay ascensor.
- En invierno, conviene cubrirse con una chaqueta para visitar el interior.
- Planear el día de la visita de forma que no coincida con las grandes celebraciones religiosas: Semana Santa, Corpus Christi, San Fernando y Virgen de los Reyes.
- La Capilla Real abre solo para el culto.
- Para conocer las cubiertas del templo se requiere reserva previa. (☎954 214 971; www.catedraldesevilla.es; visitas guiadas 20 €; ⏲11.30-17.00 lu-do; jun-sep 11.30-22.00 lu-do).

✂ Una pausa

- **Mi Arma Sevilla** (☎954 560 000; c. Alemanes 35; tapas 3,80-8,50 €; ⏲9.30-23.00 lu-do), literalmente a los pies de la Giralda, desde su terraza se puede admirar el antiguo alminar en todo su esplendor.

Capilla Mayor

Ubicada en el centro del templo, la Capilla Mayor incluye uno de los mayores tesoros catedralicios: un retablo gótico de 246 m² en cuya elaboración participaron varios artistas. Tras dos años de trabajos de restauración, el impresionante conjunto, de 20 m de altura, se descubrió nuevamente en el 2014. Destacan también la sillería gótica del coro y sus rejas platerescas.

Capilla Real

Situada en la cabecera de la catedral, en el lugar donde tenía que haberse dispuesto el ábside gótico, en esta capilla del s. XVI reposan los restos mortales de los monarcas más vinculados a la ciudad. En ella se venera el cuerpo incorrupto de san Fernando, quien como rey Fernando III expulsó a los musulmanes de la ciudad en 1248. También está enterrado aquí su hijo Alfonso X el Sabio [1252-1284], además de Pedro I el Cruel [1350-1369] y María de Padilla, su primera y amada compañera, pese a que tuvo una larga lista de queridas e hijos bastardos.

Detalle de una de las bóvedas la catedral.

FELIX LIPOV/SHUTTERSTOCK ©

Patio de los Naranjos

La catedral no necesitó de claustro, puesto que contaba con un amplio y bello patio porticado, heredado de la mezquita. Junto con el patio de abluciones recibió también su fuente. Se trata de una gran taza de mármol labrado que, según la tradición, procede del ninfeo romano descubierto en las excavaciones del cercano patio de Banderas.

Grandes maestros

La lista de obras de arte que alberga la catedral sevillana es larguísima, más de medio millar de ellas de entre los ss. XVI y XXI. Entre sus muros pueden admirarse pinturas de Alejo Fernández, Pedro de Campaña, Luis de Vargas, Francisco Pacheco, Juan de Roelas, Francisco de Zurbarán, Bartolomé Esteban Murillo, Juan de Valdés Leal, Domingo Martínez y Francisco de Goya, o esculturas de Juan Martínez Montañés.

Cubiertas de la catedral

Otra forma de conocer la catedral es recorrer sus cubiertas, una experiencia única. Desde el 2011, el Cabildo Catedral Metropolitano de Sevilla ofrece esta interesante visita no apta para personas con movili-

Cimientos romanos de la Giralda

Los primeros pobladores de Sevilla entroncan con la mítica Tartessos, la fundaron en el s. IX a.C. y la llamaron Spal. Pero la verdadera construcción de la ciudad comenzó con la llegada de las tropas del general romano Escipión en el 206 a.C. El emperador Julio César quiso convertir Hispalis, el nuevo nombre de la urbe ya latinizado, en una pequeña Roma, y en el 49 a.C. ya contaba con foro y muralla. Sin embargo, actualmente es difícil encontrar vestigios de esa gran Hispalis. Los musulmanes, que entraron en lo que ellos llamaron Ishbiliya en el 712, usaron la mayoría de sus edificaciones como cantera para sus nuevas construcciones. Los alarifes que levantaron el alminar de la mezquita reutilizaron, entre otros materiales de acarreo, siete mármoles inscritos. Cuatro de esas aras y pedestales de estatuas romanas pueden verse a los pies de la torre (Giralda), lo que demuestra, en opinión de los arqueólogos, que la actual plaza de la Virgen de los Reyes fue un foro de comerciantes en época romana. Las inscripciones revelan que en el foro había tres gremios distintos de navegantes, cada uno con su propia ara. En el 2017 se inició la restauración exterior de la Giralda y en abril del 2023 han comenzado las obras de la cara norte, la última de sus cuatro fachadas, tras lo cual la torre recuperará parte de la policromía que lucía en el s. XVI.

Columnas de la calle Mármoles

Muy cerca de la catedral, en la calle Mármoles, siguen en pie tres columnas de lo que se considera el pórtico de un templo romano (ss. I y II). Tres poderosos fustes de granito de 8 m de altura se asientan sobre sus bases, 4,5 m por debajo del nivel actual del suelo. Según las hipótesis de los investigadores, se trata de la fachada de un templo hexástilo de 20 x 40 m que podría haber estado dedicado al emperador Trajano [98-117], nacido en la vecina Itálica. El templo había conservado sus seis columnas hasta 1578, cuando el regidor de Sevilla, Francisco Zapata de Cisneros, ordenó trasladar dos de ellas a la Alameda de Hércules, donde surgía el que está considerado el primer parque urbano del mundo. Uno de los fustes se partió durante el traslado, por eso hoy faltan tres. Otro de los lugares donde aún se puede contemplar la herencia romana es en el Antiquarium (p. 83).

dad reducida, ya que es preciso subir por unas estrechas escaleras de caracol. Arriba aguarda un espléndido mundo de pináculos, arbotantes y cimborrios, varios planos del templo grabados en las terrazas y unas vistas de Sevilla sobrecogedoras.

Las mejores experiencias

Sentirse un rey en el Real Alcázar

Este lugar ha sido siempre un centro del poder en la ciudad. Sobre su solar estuvieron la acrópolis romana, una basílica paleocristiana, edificaciones visigodas y, en el s. VIII, un castillo árabe. La primera alcazaba se remonta al s. IX, dos siglos más tarde se convirtió en un alcázar taifa y en el s. XII fue palacio-fortaleza almohade. El motivo del apego a este terreno es que el río llegaba a sus puertas.

PLANO P. 54, E5

www.alcazarsevilla.org

pl. del Triunfo s/n

general/reducida/especial 13,50/6 €/gratis

9.30-17.00 oct-mar, hasta 19.00 abr-sep

T1 C3, C5, 41

M Puerta de Jerez

Palacio del Rey Don Pedro

Aunque el alcázar es anterior a Pedro I de Castilla [1350-1369], es este monarca el que dio su impronta al conjunto con la edificación de un palacio mudéjar entre 1356 y 1366. Artesanos nazaríes de Granada y carpinteros mudéjares de Toledo trabajaron con artesanos locales para crear maravillas como los patios de las Doncellas y las Muñecas. Es el primer palacio suntuario levantado para un rey castellano; sus antecesores vivían en castillos defensivos.

Palacio gótico

Fue mandado construir por Alfonso X el Sabio en 1254 como un palacio real destinado a fines oficiales, pero se vio muy afectado por el terremoto de Lisboa de 1755, de forma que, tras su rehabilitación, luce muchos toques barrocos. Destaca la capilla gótica, a la que en el s. XVI se añadió un retablo de azulejos de Niculoso Pisano.

Baños de Doña María de Padilla

Uno de los rincones con más leyendas del conjunto monumental, que cuenta con 14 000 m² de superficie construida y 7 000 m² de jardines, es el jardín de la Danza. En él se ubican los baños de Doña María de Padilla, un jardín subterráneo estival con frescos del s. XVI, que se cubrió en el s. XVIII tras los destrozos del terremoto de Lisboa. Doña María fue reconocida, después de muerta, esposa legítima de Pedro I, con quien tuvo cuatro hijos. El rey declaró que había contraído nupcias con María de Padilla "a juramento", una fórmula válida entonces. La Iglesia no tuvo más remedio que anular los otros dos matrimonios del monarca y declararla reina.

Pabellón de Carlos V

Los estilos mudéjar y renacentista se funden en el jardín del Príncipe, en el que destaca el pabellón de Carlos V, con un magnífico arteso-

★ Consejos

- La entrada es válida también para el Antiquarium y el Museo de la Cerámica de Triana. No incluye la visita al Cuarto Real Alto, que es residencia en Sevilla de los reyes de España (5,50 €; ⌚10.00-13.30).
- El programa Noches en los Jardines del Real Alcázar ofrece 75 conciertos de distintos géneros (www.alcazarsevilla.org; 7 €; ⌚22.30 lu-sa jun-sep) en el jardín histórico del Cenador de la Alcoba; acceso desde las 21.00.
- El salón del Apeadero, con entrada por el patio de Banderas, acoge exposiciones temporales gratis.

✕ Una pausa

Bodega Santa Cruz (☎ 954 218 618; c. Rodrigo Caro 1; ⌚8.30-24.00 lu-do), más conocida como Las Columnas, para echar un bocado rápido (son famosos sus *montaítos de pringá*) y sentir el ambiente del centro.

Real Alcázar

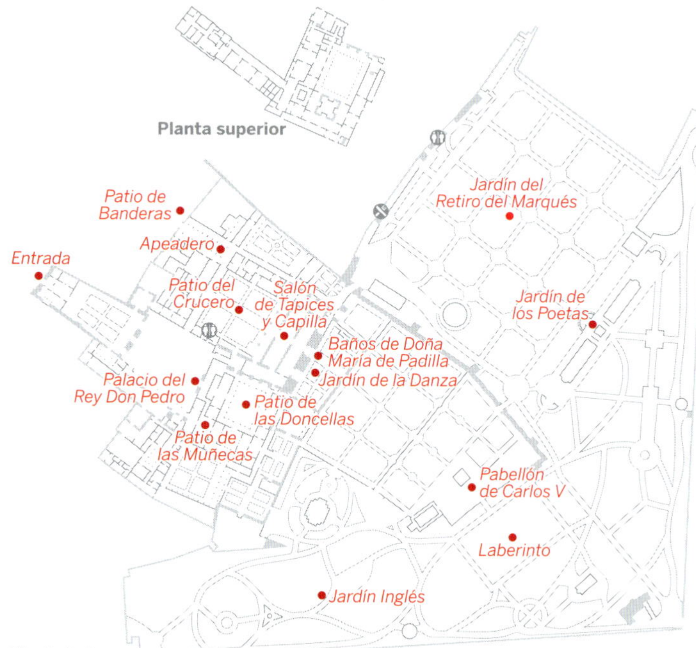

nado y azulejos del s. XVI, que está rodeado por un naranjal, plantado en tiempos de Pedro I. Los expertos han certificado que uno de estos árboles es el naranjo amargo más antiguo de España, que sobrevive desde el s. XIV. Este cítrico fue introducido en el país por los árabes.

Visitas nocturnas

Esta nueva forma de conocer el Alcázar, puesta en marcha en el 2013, permite el acercamiento a algunos de los grandes personajes que lo habitaron, como Fernando III, Pedro I y sus amantes, los Reyes Católicos o Carlos V, quien celebró en este palacio su boda con Isabel de Portugal. También ha revivido a personajes importantes para la ciudad como Murillo o Magallanes. Esta visita teatralizada se ofrece en primavera y verano en grupos de hasta 40 personas que recorren sus estancias durante 75 min.

Las mejores experiencias

Descubrir el Museo de Bellas Artes

Considerado como la segunda gran pinacoteca española, tras el Museo del Prado de Madrid, la historia del Bellas Artes está vinculada con la Iglesia. Su sede es el antiguo convento de la Merced Calzada, edificio manierista construido por Juan de Oviedo en el s. XVII. *El convento pasó a manos del Estado tras la Desamortización aprobada en 1836 por el liberal Juan Álvarez Mendizábal, y recibió sus tesoros fruto del levantamiento oficial de los bienes del clero.*

PLANO P. 54, B2

www.museosdeandalucia.es

pl. del Museo 9

general/UE 1,5 €/gratis

9.00-20.15 ma-sa, 9.00-14.15 do y fest, ago 9.00-14.15 ma-do y fest

C3, C4, C5, 6 y 43

'La Colosal' de Murillo

La principal atracción del museo es su importante colección de arte barroco, en la que destacan los cuadros de Bartolomé Esteban Murillo. La *Inmaculada Concepción*, llamada *La Colosal* por su gran tamaño, preside majestuosa la sala de la antigua iglesia del convento de la Merced. Junto a ella puede admirarse la serie realizada por el maestro para el convento de Capuchinos, con obras tan significativas dentro del naturalismo como *Santas Justa y Rufina*, prototipos de belleza popular en la Sevilla del s. XVII, o la *Virgen de la servilleta*. La serie podrá verse completa solo hasta el 2025, fecha en que vence el préstamo de 10 años que el Museo Wallraf-Richartz de Colonia realizó del gran lienzo *El jubileo de la Porciúncula*.

Zurbarán y La Cartuja

Nadie como Francisco de Zurbarán ha sabido dotar de tanta intensidad a los blancos; sus sobrios lienzos destilan espiritualidad. En 1655 realizó tres grandes cuadros para el monasterio de Santa María de las Cuevas (La Cartuja; p. 134). En estas obras, el artista sintetizó los principios que rigen la orden y que fueron también los suyos propios: austeridad y devoción. Los historiadores del arte se preguntan cómo aprendió a pintar tan magistralmente un artista que no tuvo buenos maestros y apenas viajó.

El hijo del Greco

Doménikos Theotokópoulos *El Greco* se esmeró especialmente en el *Retrato de Jorge Manuel*, su único hijo. El lienzo, pintado en torno a 1600, atrae la atención del espectador hacia la cara y las manos del retratado, gracias a un sutil juego de luces. El cuadro lo donó al museo en 1897 la infanta María Luisa Fernanda de Borbón, la misma que regaló a la ciudad parte del jardín de su palacio de San Telmo, que actualmente es el pulmón de Sevilla y lleva el nombre de parque de María Luisa (p. 114) en su honor.

★ Consejos

- Para experimentar la atmósfera monacal del edificio, es preferible visitarlo a primera hora de la mañana.
- Hay un interesante programa de exposiciones temporales y conferencias el tercer domingo de cada mes (gratis; 12.00) dentro del programa "Mirar un cuadro".
- Sus cuatro patios ajardinados son otro aliciente para acercarse al museo en primavera, aunque cualquier estación es buena para disfrutar de su paz y su aroma.

Una pausa

Mechela (955 282 566; www.mechelarestaurante.es; c. Pastor y Landero 20; principales 5.80-28 €; almuerzo y cena ma-sa, almuerzo do, cena lu; jun-sep cerrado do), un restaurante en el que son muy populares los arroces y el gambón crujiente con ajoblanco de anacardo, entre otros buenos y originales platos.

'San Jerónimo'

El italiano Pietro Torrigiani, compañero y rival de Miguel Ángel en la corte de los Médici, llegó a Sevilla en 1522 e introdujo en la ciudad las novedades del Renacimiento. Su excepcional escultura en barro cocido *San Jerónimo* marcó el camino para las siguientes generaciones de artistas locales. Su influencia se puede constatar en otras obras del museo, como el *Santo Domingo penitente* que Juan Martínez Montañés realizó en 1605.

Francisco Pacheco y Alonso Vázquez

Conocido por ser el autor del tratado *El arte de la pintura* y suegro de Diego Velázquez, más que por su obra, Francisco Pacheco fue uno de los grandes precursores del manierismo en Andalucía. En 1600, Pacheco y su discípulo Alonso Vázquez recibieron el encargo de pintar una serie para el claustro del monasterio de la Merced –actual sede del museo–, de la que hoy pueden verse cuatro obras. De ellas destaca *San Pedro Nolasco liberando a los cautivos*, de Alonso Vázquez.

'Las cigarreras'

La pintura costumbrista y regionalista, que cautivó a la sociedad andaluza de principios del s. XX, tuvo en Gonzalo Bilbao a uno de sus máximos exponentes. El artista sevillano se inspiró en *Las hilanderas* de su paisano Velázquez –de quien el museo solo conserva el *Retrato de Don Cristóbal Suárez de Ribera*, de 1620– para crear la atmósfera

Claustro del Museo de Bellas Artes.

La rapiña del mariscal Soult

La requisa de centenares de obras de arte que realizaron las tropas del mariscal Soult en Sevilla en 1810, durante la Guerra de la Independencia, supuso una gran desgracia para el arte español. Los franceses llegaron a la ciudad con una lista de 999 obras señaladas en un ejemplar del gran diccionario del arte español, de Juan Agustín Ceán Bermúdez, aunque no consiguieron llevárselas todas. Sin embargo, la tortilla se dio la vuelta cuando las pinturas barrocas que Soult robó para su colección particular acabaron, tras su muerte en 1851, en el Museo del Louvre. La pinacoteca colgó entonces obras de Murillo, Zurbarán, Alonso Cano o Valdés Leal, pinturas que ejercieron una gran influencia en artistas franceses como Édouard Manet.

Ese acercamiento al barroco fue la mejor carta de presentación internacional para los pintores andaluces y los grandes museos del mundo pugnaron por adquirir obras suyas, aunque muchas de ellas hubieran salido ilegalmente de España.

La peripecia de la *Inmaculada* que Murillo pintó en 1678 para el Hospital de los Venerables de Sevilla (p. 56) figura entre las historias más rocambolescas que la invasión de Napoleón provocó en el arte. Los herederos de Soult se la vendieron al Louvre por 615 300 francos, el precio más alto que hasta entonces se había pagado por una pintura. El Gobierno español, cansado de reclamar el lienzo, lo cambió al Louvre por un retrato de Velázquez en 1940. Sin embargo, la *Inmaculada* no regresó a Sevilla, sino que se quedó en el Prado, pues la dirección del museo no estaba dispuesta a dejarla marchar después de semejante dispendio. El cuadro volvió a su casa en el 2012, aunque solo de visita, en una muestra temporal sobre Murillo. En diciembre del 2017 se cumplieron 400 años del nacimiento de su autor y la ciudad lo celebró por todo lo alto con exposiciones y un congreso internacional sobre el pintor sevillano.

de *Las cigarreras*. El gran óleo, de 1915, recrea el ambiente de trabajo en la Real Fábrica de Tabacos de Sevilla (p. 118) con el toque de ternura que provoca una madre amamantando a su hijo en plena jornada laboral.

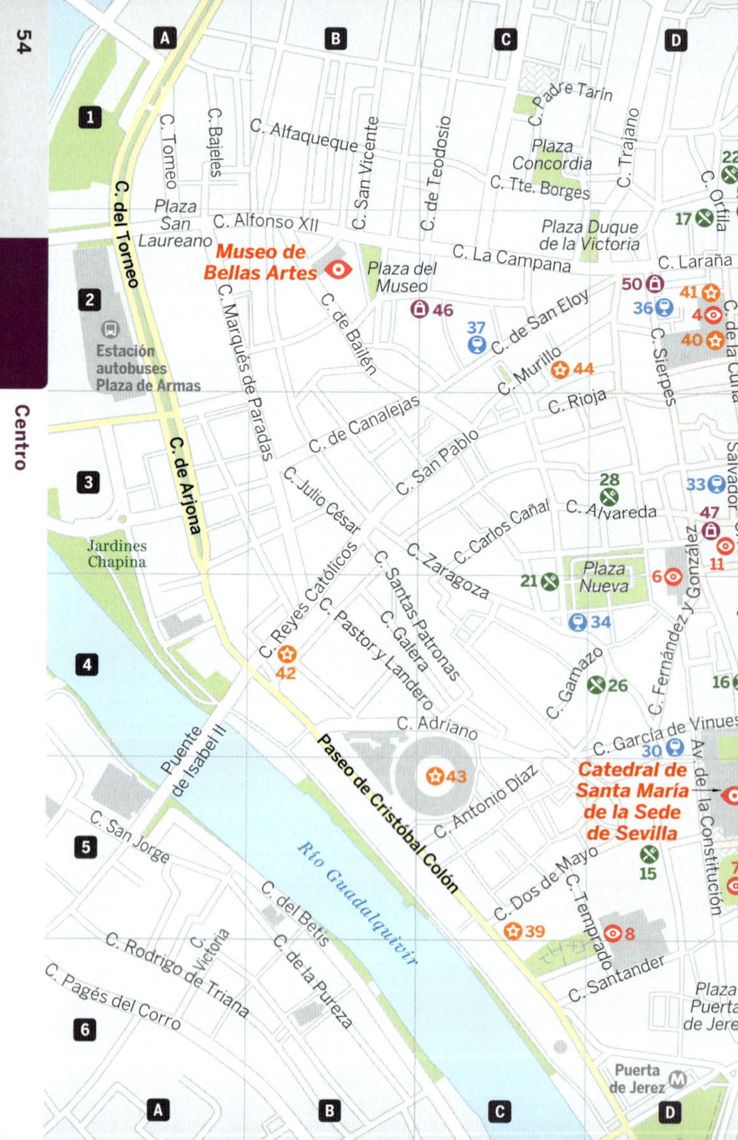
A
B
C
D
1
2
3
4
5
6
C. Padre Tarín
Plaza Concordia
C. Trajano
C. Tte. Borges
C. Tomeo
C. Bajeles
C. Alfaqueque
C. San Vicente
C. de Teodosio
C. del Torneo
Plaza San Laureano
C. Alfonso XII
Plaza Duque de la Victoria
C. Orfila
C. La Campana
C. Laraña
Museo de Bellas Artes
Plaza del Museo
Estación autobuses Plaza de Armas
C. Marqués de Paradas
C. de Bailén
C. de San Eloy
C. Murillo
C. Sierpes
C. de la Cuna
C. Rioja
C. de Canalejas
C. San Pablo
C. de Arjona
C. Julio César
C. Alvareda
Salvador
C. Carlos Cañal
Jardines Chapina
C. Reyes Católicos
C. Zaragoza
C. Santas Patronas
Plaza Nueva
C. Alvarez Quintero
C. Pastor y Landero
C. Galera
C. Fernández y González
C. Gamazo
C. Adriano
C. García de Vinuesa
Puente de Isabel II
Paseo de Cristóbal Colón
C. Antonio Díaz
Catedral de Santa María de la Sede de Sevilla
Av. de la Constitución
C. San Jorge
Río Guadalquivir
C. Dos de Mayo
C. Temprado
C. del Betis
C. Victoria
C. Rodrigo de Triana
C. de la Pureza
C. Santander
C. Pagés del Corro
Plaza Puerta de Jerez
Puerta de Jerez
22
51
17
50
41
36
4
40
46
37
44
28
33
47
11
21
6
34
42
26
16
30
43
15
7
39
8

Reseñas en:

Las mejores experiencias p. 42
Puntos de interés p. 56
Dónde comer p. 61
Dónde beber p. 66
Ocio p. 69
De compras p. 71

E F G H
1 2 3 4 5 6

0 — 300 m

C. Peñuelas
Plaza Ponce de León
Plaza de la Encarnación
C. Escuelas Pías
C. Imagen
Plaza de San Pedro
C. Azafrán
C. Santiago
Goyeneta
C. Alhóndiga
C. Zamudio
C. de los Navarro
C. Recadero
C. de Amador de los Ríos
C. Pérez Galdós
C. Boteros
C. Cuesta del Rosario
C. Águilas
C. San Esteban
C. Lirio
Plaza de Pilatos
C. San Isidro
C. de Luis Montoto
C. la Florida
C. Pajaritos
C. San José
C. Levíes
C. Argote de Molina
C. Aire
C. Céspedes
C. Verde
C. Sta. María la Blanca
C. D. Remondo
Plaza de los Curtidores
C. A. I. Contreras
C. José María Moreno Galván
C. de Mateos Gago
C. Ximénez de Enciso
C. Puerta de la Carne
C. Demetrio de los Ríos
Plaza de Santa Cruz
Jardines Murillo
Plaza del Triunfo
Plaza de los Venerables
Av. de Eduardo Dato
Patio de Banderas
C. Agua
Paseo Catalina de Ribera
Av. de Menéndez Pelayo
Real Alcázar
Jardines del Real Alcázar
C. Capitán Vigueras
C. de San Bernardo
C. Cofia
C. de Cádiz

1 2 3 5 9 10 12 13 14
18 19 20 23 24 25 27
29 31 32 35 38
45 48 49

Puntos de interés

Iglesia del Salvador IGLESIA

1 PLANO P. 54, E3

Edificada sobre la Mezquita Mayor de Sevilla, una construcción del s. VIII que se utilizó como iglesia entre 1341 y 1671, la colegial del Divino Salvador es un edificio barroco en cuya construcción, entre 1682 y 1712, intervino el arquitecto Leonardo de Figueroa. Después de cinco años de rehabilitación, el segundo templo sevillano tras la catedral resplandece de nuevo. Además del edificio, se han restaurado 53 de sus 700 obras de arte, entre ellas la escultura *San Cristóbal,* de Juan Martínez Montañés. (954 211 679; pl. del Salvador 3; gratis con la entrada a la catedral, general 7 €, reducida y residentes gratis; 10.15-17.30 lu-sa, 14.30-19.30 do, cerrado do jul y ago; C5, 27 y 32)

Casa de Pilatos CASA-MUSEO

2 PLANO P. 54, G3

Para hacerse una idea de cómo vivían los nobles en la Sevilla del Siglo de Oro, nada mejor que adentrarse en este palacio, propiedad de la Casa Ducal de Medinaceli. Construido en el más puro estilo mudéjar en el s. XV, sus dueños lo adaptaron al gusto renacentista en el s. XVI. La casa no tiene nada que ver con Poncio Pilato; su nombre se debe a que era una de las estaciones de penitencia del vía crucis que comenzó a celebrarse en la ciudad en 1520 y que dio origen a la Semana Santa en Sevilla. Su patio y sus salones han servido de plató en muchas películas, entre ellas *Lawrence de Arabia* en 1962. (954 225 298; www.fundacionmedinaceli.org; pl. de Pilatos 1; general/reducida 10-15 €/gratis; 9.00-18.00 lu-do nov-mar, 9.00-19.00 lu-do ab-oct; C5, 27 y 32)

Hospital de los Venerables IGLESIA, SALA DE EXPOSICIONES

3 PLANO P. 54, F5

Sede de la Fundación Focus y de su colección de arte contemporáneo, este lugar fue construido en el s. XVII, fiel al más puro barroco. Su iglesia, que también acoge conciertos de órgano, cuenta con obras de Pedro Roldán, Juan Martínez Montañés y, especialmente, Juan Valdés Leal. En la sacristía puede admirarse un bello trampantojo de este último, en el que parece que los ángeles sostienen la Cruz en pleno vuelo. El edificio acoge, además, el Centro Velázquez, creado en torno a la adquisición de *Santa Rufina,* lienzo atribuido a dicho autor. Los que sí están autentificados son una Inmaculada y *La imposición de la casulla a San Idelfonso,* propiedad del Ayuntamiento. (697 898 659; www.hospitalvenerables.es; pl. de los Venerables 8; general/reducida/menores 12 años 10/8 €/gratis; 10.00-19.00 lu-sa, 10.00-15.00 do, jul-ago 10.00-15.00 lu-sa; T1 C3, 1, 5 y 21 M Puerta de Jerez)

Palacio de la Condesa de Lebrija

CASA-MUSEO

4 PLANO P. 54, D2

Regla Manjón, condesa de Lebrija, adquirió esta casona del s. XVI en 1901 para acomodar sus tesoros arqueológicos y aún hoy conserva el espíritu de una coleccionista decimonónica. El palacio se adaptó para que pudiera acoger a modo de solería unos magníficos mosaicos romanos, procedentes de la vecina Itálica cuando aún no existía una legislación que lo prohibiera (la primera en regularlo fue la Constitución de 1931). Entre arcos mudéjares y columnas de mármol pueden admirarse también piezas árabes y azulejos del s. XVI. (954 227 802; www.palaciodelebrija.com; c. Cuna 8; general/reducida 12-6 €; 10.00-17.00 lu-do, jul y ago 10.00-15.00; C5, 10, 11, 12, 15, 20, 24, 27 y 32)

Colección Bellver-Casa Fabiola

CASA-MUSEO

5 PLANO P. 54, F3

La Casa Fabiola, una residencia palaciega del s. XVI en torno a un patio, con azulejería, artesonados de madera y una gran escalinata de mármol, todo ello fruto de remodelaciones del s. XIX, alberga la donación de Mariano Bellver desde finales del 2018. El coleccionista legó al Ayuntamiento de la ciudad más de 500 piezas entre cuadros, esculturas, porcelanas, muebles y relojes. Del conjunto destaca la pintura costumbrista sevillana del s. XIX, que incluye

Escalera principal de la casa de Pilatos.

RADIOKAFKA/SHUTTERSTOCK ©
Archivo General de Indias.

obras de Sánchez Perrier, Gonzalo Bilbao, Cabral Bejarano, Gutiérrez de la Vega o Valeriano Domínguez Bécquer. (955 470 295; c. Fabiola 5; general/reducida 3-2,25 €, residentes gratis 11.00-20.00 ma-do; 11.00-21.00 ma-do jun-sep; T1 C5 M Puerta de Jerez)

Ayuntamiento EDIFICIO MUNICIPAL

6 PLANO P. 54, D3

La boda de Carlos V con Isabel de Portugal en 1526 trajo a Sevilla la moda del Renacimiento. El nuevo ayuntamiento se construyó en un bello estilo plateresco, como puede admirarse en su inacabada fachada, habitada por seres mitológicos y grotescos. El proyecto de Diego de Riaño se ejecutó entre 1527 y 1534, y después, ya en el s. XIX, se amplió el edificio, que lo dotó de otra fachada neoclásica que da a la Plaza Nueva. Desde enero del 2013, el ayuntamiento y todos sus tesoros se muestran mediante una visita guiada en español e inglés (con videoguías en otros idiomas). Es imprescindible reservar con antelación a través de la web. (www.sevilla.org; Plaza Nueva 1; general/menores de 16 años y residentes 4 €/gratis; 16.30 y 19.30 lu-ju, 10.00 sa, gratis; T1 C5, 40 y 41 M Puerta de Jerez)

Archivo General de Indias ARCHIVO Y MUSEO

7 PLANO P. 54, D5

Junto a la catedral y al Real Alcázar, el Archivo de Indias completa la tríada sevillana reconocida por la Unesco como Patrimonio Mundial desde 1987. Construido como lonja mercantil en el s. XVI, el edificio se quedó sin uso en 1717, año en que la sede del comercio ultramarino se trasladó a Cádiz. Más tarde en el s. XVIII se eligió al edificio como sede para albergar toda la documentación de los territorios de ultramar españoles. En el archivo se conservan miles de legajos y mapas desde los tiempos del descubrimiento de América hasta la pérdida de la colonia de Filipinas en lo que dio en llamarse "el *desastre* de 1898". El lugar acoge también exposiciones temporales. (☎954 500 528; www.culturaydeporte.gob.es/cultura/areas/archivos/mc/archivos/agi/portada.html; av. de la Constitución s/n; 🕘9.30-16.45 ma-sa, 10.00-13.45 do y fest; 🚊T1 🚌C5 Ⓜ Puerta de Jerez)

***Virgen con el Niño*, de Alejo Fernández, en el Palacio Arzobispal.**

Hospital de la Caridad

CASA DE ACOGIDA Y MUSEO

8 PLANO P. 54, D5

Miguel de Mañara, el impulsor de la construcción del Hospital de la Santa Caridad en el s. XVII, ideó también el programa iconográfico que siguieron Bartolomé Esteban Murillo, Juan de Valdés Leal y Pedro Roldán para la iglesia. Suyas son las ideas para la serie *Obras de misericordia*, de Murillo –cuatro de las cuales son copias que sustituyen a las robadas por Soult en 1810– y de *Las postrimerías*, dos de los mejores lienzos de Valdés Leal. Levantado sobre las **Reales Atarazanas** del s. XIII, el lugar mantiene la función para la que fue concebido y acoge a 90 ancianos sin recursos. Una empresa ofrece visitas guiadas teatralizadas. (www.engranajesculturales.com). (☎954 223 232; www.santa-caridad.es; c. Temprado 3; general/reducida/hasta 18 años 8/5/2,50 €, do 🕘16.30-18.30 gratis; 🕘10.30-19.00 lu-vi, variable sa y do 14.00-19.00; 🚊T1 🚌C4, C5, 3, 40 y 41)

Palacio Arzobispal

MONUMENTO, SEDE ARZOBISPAL

9 PLANO P. 54, E4

Este gran desconocido abrió al público en el 2017 para mostrar su impresionante colección de pintura, más de 400, en un recorrido por sus suntuosas estancias. En este palacio del s. XVI de 6700 m² y remodelado en el s. XVIII cuelgan obras de grandes artistas del barroco como Murillo, Zurbarán,

Francisco Pacheco, Herrera el Viejo, Mattia Preti o Juan de Espinal, quien firma el fresco de la cúpula. En los techos de tres de sus salones hay 118 lienzos encastrados como los del salón principal, en el que el cardenal Niño de Guevara mandó pintar las virtudes que deberían tener cuantos desempeñaran su cargo. Destacan *Virgen con el Niño* de Alejo Fernández en el oratorio del Nuncio y en el despacho de invierno cuelga el primer lienzo documentado de Murillo y dos zurbaranes. (954 505 534; pl. Virgen de los Reyes s/n; entradas 6 €, 1er turno de visita mensual gratis, entradas a la venta el 1er día laborable del mes en la Librería Diocesana del palacio 9.00-14.00 lu-vi; visitas sa 10.00, 11.00, 12.00 y 13.00; T1 C5 M Puerta de Jerez)

Santa María la Blanca IGLESIA

10 PLANO P. 54, F4

Este pequeño templo sintetiza la historia de la judería de Sevilla. Se levantó como mezquita en época califal, en el s. X; después, en el s. XIII, Alfonso X el Sabio permitió que se convirtiera en sinagoga para que las tres religiones tuvieran lugares de culto. Y con la hegemonía cristiana, pasó a ser iglesia mudéjar, apuntándose a la moda del barroco en el s. XVII. De sus muros cuelgan dos obras maestras: *Descendimiento,* de Luis de Vargas, y *La Sagrada Cena,* de Murillo. La larga vida del lugar puede apreciarse desde el 2013, tras una rehabilitación de tres años que ha asegurado la estructura del templo. (www.santamarialablanca.com; c. Santa María la Blanca 5; 10.00-13.00 y 18.00-19.30 lu-ju; vi-do, abierta durante las misas; C3, C4, 1, 5 y 21)

Fundación Cajasol CENTRO CULTURAL

11 PLANO P. 54, D3

La Real Audiencia y Chancillería de Sevilla, construida a finales del s. XVI y reformada en el s. XX por Aníbal González, se ha convertido en un gran centro cultural, sede de la Fundación Cajasol. Inaugurada en diciembre del 2019, la fundación, que ocupa toda una manzana (12 000 m²) justo enfrente del ayuntamiento, cuenta con siete espacios interconectados para exposiciones, teatro, biblioteca, talleres y conferencias, todo ello alrededor de un majestuoso patio por el que seguro que transitó Cervantes, quien estuvo encarcelado en un edificio contiguo. (954 508 200; www.fundacioncajasol.com; c. Álvarez Quintero 9; exposiciones gratis, consultar otras actividades; 11.00-14.00 y 18.00-21.00 lu-sa; T1 C5, 40 y 41 M Puerta de Jerez)

Casa Salinas CASA PALACIO

12  PLANO P. 54, F4

Esta casa palacio del s. XVI se alza en torno a un hermoso patio columnado con decoración plateresca, típico del Renacimiento, y ha sido desde corral de comedias hasta sede de una logia masónica. El palacio, actual residencia de la familia Salinas que lo adquirió en el s. XIX, ha ido recuperando su aspecto inicial y, a la vez, enriqueciéndose con piezas como el gran mosaico de Baco del s. II procedente de la vecina ciudad romana de Itálica. Las visitas son guiadas en español e inglés. (☎ 619 254 498; www.casadesalinas.com; c. Mateos Gago 39; general/menores 11 años 8/ 4 €; ⏲ 10.00-18.00 lu-vi med oct-med jun, 10.00-14.00 lu-vi med jun-med sep; 🚊 T1 🚌 C5 Ⓜ Puerta de Jerez)

Casa Natal de Velázquez
CENTRO DE INTERPRETACIÓN, ARQUITECTURA

13 PLANO P. 54, E2

Centro de interpretación dedicado a la vida, la obra y la época del gran pintor Diego Rodríguez de Silva y Velázquez (Sevilla 1599-Madrid 1660), cuya apertura al público está prevista para el último trimestre del 2023. La casa del s. XVI en la que nació el autor de *Las Meninas* es un magnífico ejemplo de arquitectura popular sevillana del Siglo de Oro. Albergará facsímilos de algunas de sus obras y mobiliario de la época. (www.casanatalvelazquez.com; c. Padre Luis María Llop 4; 🚌 C5, 27 y 32)

Espacio Derivado
CENTRO EXPOSITIVO Y CULTURAL

14 PLANO P. 54, F2

La residencia y el estudio del arquitecto regionalista José Espiau y Muñoz, levantada en 1921 sobre muros de época mozárabe, se ha convertido tras una reforma realizada por el estudio CM4 en un centro expositivo y cultural. Después de dos décadas de abandono, el edificio ha recuperado los espacios tal y como los proyectó Espiau, autor entre otros del hotel Alfonso XIII, y dedica toda la planta baja a exposiciones de arte contemporáneo. Además ofrecen conferencias, cinefórum, presentaciones de libros, etc. Las visitas son guiadas. (☎ 696 358 510; www.espacioderivado.com; pl. Cristo de Burgos 17; general/reducida 3,5 €/gratis; visitas ⏲ 11.00-12.00-13.00-18.00 y 19.00 ma-vi, 12.00 y 13.00 sa y do; 🚌 C5, 27 y 32)

Dónde comer

La Barra de Inchausti
ANDALUZA **€€€**

15 PLANO P. 54, D5

En el 2021 el Inchausti, un clásico para comer buen pescado desde que abrió en 1991, cambió de local para mudarse a uno más espacioso con la muralla almohade como telón de fondo. Con dos ambientes separados, la barra y el restaurante, es el lugar ideal para saborear pescado de Sanlúcar de Barrameda en fritura o en sus famosos guisos marineros. (☎ 954 871 322; c. Tomás de Ibarra 10; tapas 3,20 €, principales 15-20 €; ⏲ almuerzo y cena ma-do, almuerzo do, cerrado ago; 🚊 T1 🚌 C5 Ⓜ Puerta de Jerez)

Casa Robles
ANDALUZA **€€€**

16 PLANO P. 54, D4

Juan Robles abrió aquí una bodega en 1954, donde la cocina sencilla y los productos de primera calidad han sido siempre la base de su

Gastrobares: refugios para exquisitos

Cada año son más en Sevilla los establecimientos que apuestan por una cocina sofisticada y la ofrecen en pequeñas porciones. Algunos de los más vanguardistas se ubican en el centro:

Tradevo Centro (25 plano p. 54, E3; 854 807 424; www.tradevo.es; c. Cuesta del Rosario 15; principales 12,50-18€; almuerzo y cena lu-do; C5, 27 y 32) Desde que abrió el primer Tradevo en el 2011, Gonzalo Jurado, su propietario y cocinero, no ha dejado de conquistar a vecinos y visitantes con sus jugosas propuestas informales, con mucho producto del mar. Además de una sugerente carta en la que destaca su selección de quesos, ofrece servicio de barman con cócteles especialmente creados para este amplio y bonito local en el centro.

Torres y García (26 plano p. 54, D4; 955 546 385; www.torresygarcia.es; c. Harinas 2; principales 8-30 €; almuerzo y cena lu-do; T1 C5, 40 y 41) Genoveva Torres y Juan Manuel García forman un matrimonio de cocineros que ha revolucionado la restauración en la ciudad. Comenzaron con un bar de tapas y, después, sorprendieron con Torres y García, un espacio con 400 m^2 dedicado a lo que ellos llaman "cocina rústica", con un horno de leña incluido. Su carta y decoración industrial, con ladrillo visto y obras de arte contemporáneo, lo convierten en el más *cool* de sus negocios. En su larga lista de locales destacan **Ovejas Negras** (955 123 811; www.ovejasnegrastapas.com; c. Hernando Colón 8), **Mamarracha** (955 123 911; www.mamarracha.com; c. Hernando Colón 1 y 3) y **La Chunga** (955 180 844; www.lachungatapas.es; c. Arjona 13).

Sal Gorda (27 plano p. 54, E3; 955 385 972; c. Alcaicería de la Loza 23; tapas 4,10-12,90 €; almuerzo y cena lu-do; C5, 27 y 32) La base es tradicional, pero el formato novedoso, así como las combinaciones que proponen en este local donde siempre hay cola. Conviene reservar. Tapas muy elaboradas y sabrosas, como el tartar de gamba blanca con AOVE y *yuzu*, que se pueden acompañar con buenos vinos andaluces.

Zelai (28 plano p. 54, D3; (954 229 992; www.restaurantezelai.com; c. Albareda 22; principales 9,50-19 €; almuerzo y cena lu-do; T1 C5) Dos cocineros, una sevillana y un donostiarra, decidieron sumar sus conocimientos y, con las últimas técnicas culinarias, crear una carta de lo más elaborada, en un espacio decorado de forma minimalista y funcional.

éxito. Entre lo más demandado de la carta figuran el arroz caldoso con rabo de toro, los pescados y el marisco. Un negocio familiar que tiene varios establecimientos en el centro como Robles Laredo y Las Brasas de Robles. (954 213 150; www.casarobles.es; c. Álvarez Quintero 58; principales 14-27 €; almuerzo y cena lu-do; T1 C4, C5, 3, 40 y 41 M Puerta de Jerez)

Cañabota

MARISQUERÍA **€€€**

17 PLANO P. 54, D2

El cliente puede elegir el pescado o el marisco del mostrador, todo recién llegado de las lonjas de Cádiz, y saborearlo en un ambiente informal, austero y frío como si se tratara de una pescadería, pero perfectamente atendido. La parrilla de carbón es la protagonista de la cocina, en la que los chefs Marcos Nieto y Rafa García ofician ante los clientes. Desde que abrió, en el 2016, siempre está lleno, especialmente después de recibir una estrella Michelin en el 2022. Imprescindible reservar. A su lado está **La Barra del Cañabota** (954 913 432; c. Orfila, 5; tapas 4-18 €), abierta a mediados del 2019 con el pescado también como protagonista pero en formato de tapa. (954 870 298; www.canabota.es; c. Orfila 1; principales precio según peso, menú degustación 110-160 €; almuerzo y cena ma-sa; C5, 13, 14, 27 y 32)

El bar Giralda (p. 66) escondía un *hammam* del s. XII.

Dos citas imprescindibles

Muy cerca del centro, aunque fuera de los antiguos límites de la muralla, dos buenos restaurantes tientan con productos de la tierra: el **Abantal** (954 540 000; www.abantalrestaurante.es; c. Alcalde José de la Bandera 7 y 9; menús degustación 95-115 €; almuerzo y cena ma-sa, cerrado ago; C3, C4, 1, 5, 21, 24 y 27) mantiene una estrella Michelin desde el 2009 gracias a la impecable cocina de Julio Fernández, un espacio elegante y muy bien atendido en el que cada detalle importa; y el **Tribeca** (954 426 000; www.restaurantetribeca.com; c. Chaves Nogales 3; terraza 5,50-35 €, principales 16-40 €, menú degustación 110 €; almuerzo y cena ma-sa, almuerzo lu, cerrado 7-21 ago; C3, C4, 5, 21, 24 y 27), donde los tres hermanos Giménez Rodríguez ponen al alcance del comensal el mejor pescado de las costas gaditanas en un espacio que se ha sumado al movimiento Slow Food, además de una atractiva lista de tapas, una buena bodega con 350 referencias y, de marzo a octubre, terraza.

El Pan Nuestro

ANDALUZA, ARGENTINA **€€€**

18 PLANO P. 54, E3

Ubicado en un edificio neogótico de 1925 del arquitecto regionalista José Espiau Muñoz, uno de sus mejores proyectos, el local ofrece servicio de bar y cafetería en la planta baja y reserva para el restaurante en la 1ª planta con una bella vista a la llamada plaza del Pan y a la imponente iglesia del Salvador. Cocina andaluza bien servida y carnes argentinas en un espacio abierto en febrero del 2023 en el que se han cuidado todos los detalles. (854 521 273; www.elpannuestrosevilla.com; pl. Jesús de la Pasión 1; tapas 4,5-9, principales 14-29; desayuno, almuerzo y cena lu-do; C5, 27 y 32)

Espacio T

MEDITERRÁNEA **€€€**

19 PLANO P. 54, E3

Lo primero que sorprende en este original local es su cuidada puesta en escena, obra del estudio de arquitectura Sol 89. Una barra redonda unificada por una estructura de madera junto a una cocina en la que el chef sevillano Ignacio Rodríguez combina los mejores productos de temporada a la vista de los comensales. Todo sale de sus fogones justo después de hacer la comanda, de forma que la experiencia es casi como una clase de cocina. Conviene reservar porque la mesa solo tiene 16 puestos. (954 035 652; www.tespaciogastronomico.com; c. Boteros 4; principales 16-22 €; cena ju y vi, almuerzo y cena sa y do, cerrado jul y ago; C5, 27 y 32)

Petra

MEDITERRÁNEA €€

20 PLANO P. 54, E3

Presumen de tener la mejor tortilla de patatas del mundo, algo difícil de comprobar, pero la que sirven está rica. Este recoleto restaurante también ofrece carnes maduradas que el cliente puede hacer a la piedra en su mesa y una buena selección de quesos. Conviene reservar. (955 628 228; c. Alfalfa 5; principales 9-25 €; almuerzo y cena ma-sa, cena lu, cerrado 1-15 ago y Semana Santa; C5, 27 y 32)

Seis

MEDITERRÁNEA €€

21 PLANO P. 54, C4

La planta baja del clásico Hotel Inglaterra se ha convertido en una especie de selva, por la abundancia de plantas y maderas, de lo más concurrida y atendida por estilosos camareros. La última apuesta del grupo Tu Hogar Fuera de Casa, que cuenta en la ciudad con otros seis espacios, abrió en el 2017 y ofrece cocina mediterránea en un ambiente informal. (955 440 030; www.tuhogarfueradecasa.com; pl. Nueva 7; tapas 4,50-9 €, principales 9-26 €; almuerzo y cena lu-do; T1 C5, 40 y 41)

La Jaula de Papel

MEDITERRÁNEA €€

22 PLANO P. 54, D1

Un rincón acogedor, con una terraza disponible todo el año y abierta todo el día en la recoleta plaza de Santa Marta, creado en el 2019 por el joven chef Pedro Javier Bosch. En la carta de este local destacan platos como el calamar de potera rallado sobre verdura salteada o el bacalao confitado sobre bilbaína de tomate. Cocina de temporada acompañada de una carta de vinos en su mayoría andaluces con apuestas originales. (854 604 630; c. Angostillo 8; principales 10,50-23 €; almuerzo y cena lu-do; C5, 13, 14, 27 y 32)

Salmedina

CERVECERÍA €€

23 PLANO P. 54, E3

En esta nueva cervecería, abierta en el 2020, todo huele a mar, incluso su decoración basada en azules y blancos. Ideal para darse un paseo gastronómico por la bahía de Cádiz sin salir de Sevilla. Ventresca de pargo, lomo de bonito, langostinos de Sanlúcar... y una larga lista de pescados y mariscos frescos que se pueden disfrutar también en su terraza y con una copa de manzanilla. (954 213 172; c. Guardamino 1; tapas 3,90-7,50 €, principales 8,80-21,90 €; almuerzo y cena lu-do, cerrado 1-15 ago; C5, 27 y 32)

San Marco Santa Cruz

ITALIANA €€

24 PLANO P. 54, F5

Comer bajo los lucernarios de un baño árabe del s. XII, uno de los tres que se conservan en la ciudad, sin duda resulta de lo más romántico. El restaurante, con una amplia carta de recetario italiano, ha sido adaptado con mimo a esta joya de la arquitectura islámica. (954 214

390; www.restaurantesanmarcosantacruz.es; c. Mesón del Moro 6; principales 11-24 €; almuerzo y cena lu-do; T1 C5 M Puerta de Jerez)

Dónde beber

Bar Giralda

CERVECERÍA

29 PLANO P. 54, E4

Las obras de rehabilitación de la Cervecería Giralda, un local centenario a un tiro de piedra de la catedral, han puesto al descubierto algo que se sospechaba pero que estaba oculto bajo una gran reforma del s. XVII: un *hammam* del s. XII, el único completamente decorado que se conoce en la península Ibérica. El maravilloso hallazgo, con sus 88 luceras y los restos de pinturas geométricas de lacería, sigue albergando un bar de tapas sevillanas. Reabierto en el 2020, se ha convertido en un museo vivo. (954 228 250; www.cerveceriagiralda.es; c. Mateos Gago 1; 12.00-24.00 lu-do, mejor con reserva; T1 C5 M Puerta de Jerez)

Casa Morales

BODEGA

30  PLANO P. 54, D4

Tomarse un vino entre las tinajas de barro en las que se almacena es posible aún en esta bodega del centro de la ciudad. El local no ha cambiado de propietarios, la familia Morales, desde que abrió al público en 1850, aunque ahora también ofrece tapas a modo de acompañamiento. (954 221 242; www.casamoralessevilla.es; c. García de Vinuesa 11; 12.00-16.00 y 20.00-24.00 lu-sa, 12.00-16.00 do oct-may; T1 C4, C5, 3, 40 y 41 M Puerta de Jerez)

Las Teresas

BAR

31 PLANO P. 54, F5

El local funcionaba como tienda de comestibles desde 1870 pero, ante tantos parroquianos que se acodaban en el mostrador, se convirtió en bar en 1939. Además de beber, se pueden probar platos andaluces. En el corazón del laberíntico barrio de Santa Cruz, es uno de los favoritos de los jóvenes extranjeros. (954 213 069; www.lasteresas.es; c. Santa Teresa 2; 10.00-24.00 lu-ju, 10.00-01.00 vi, 11.00-01.00 y sa, 11.00-24.00 do; C3, 1, 5 y 21)

Casa Román

BAR

32 PLANO P. 54, F5

Abierto desde 1934, Casa Román es todo un clásico en su género; uno de los bares con más solera del centro, en pleno Santa Cruz, siempre lleno de propios y extraños. Son famosos su jamón ibérico (en cuyo corte son especialistas) y sus chacinas. (954 228 483; www.casaromansevilla.com; pl. de los Venerables 1; 12.30-17.30 y 19.30-24.00 lu-mi, 12.30-24.00 ju-do, 12.30-17.30 do nov-med. mar; T1 C3, 1, 5 y 21 M Puerta de Jerez)

La Antigua Bodeguita

BAR

33 PLANO P. 54, D3

Casi todo el año, salvo cuando el calor se hace insoportable, muchos sevillanos coinciden al mediodía y al atardecer para

La Semana Santa, el regreso al barroco

A un profano en los ritos cristianos, la Semana Santa de Sevilla bien podría parecerle la *performance* más bella y mejor organizada del mundo. Más de un millón de personas son arte y parte de este gran espectáculo barroco en el que nada queda al azar. Todos conocen perfectamente su cometido y nadie puede saltarse las reglas para que todo funcione a la perfección. Aunque parezca imposible, ya que las calles del centro están tan llenas que apenas se vislumbra el asfalto, los pasos (llevados por entre 36 y 48 costaleros, según su tamaño) cumplen con su recorrido, casi siempre sin incidentes.

Muchos sevillanos suspiran todo el año con que llegue esta semana de 10 días, del Viernes de Dolores al Domingo de Resurrección, y 24 h después de que se encierre el último paso ya se lee en la pizarra de algunos bares: "Faltan 354 días para Semana Santa". Es la celebración más importante de la ciudad, la que más pasiones despierta. Durante esos días, Sevilla entera vive por y para las procesiones; el resto del mundo deja de existir. Los viajeros deben tener claro que, llegada la semana de la Pasión de Cristo, no hay más donde elegir.

El Consejo General de Hermandades y Cofradías de Sevilla es el encargado de ordenar las 71 cofradías que procesionan en Semana Santa. Cada hermandad sale de su templo, recorre su barrio y/o la carrera oficial, que es donde se montan los palcos provisionales para que el público pueda ver los pasos sentado (previo pago), y, tras el prescriptivo paso por la catedral, regresa a su Iglesia. El recorrido puede durar hasta 14 h, como es el caso de la hermandad del Cerro del Águila, y hay pasos que se acompañan de miles de nazarenos, como el del Jesús del Gran Poder (2800), uno de los más venerados, que sale la noche del Jueves Santo, en la famosa "Madrugá". Esa noche es, sin duda, la apoteosis de esta tradición que se consolidó en el s. XVI, impulsada por el Concilio de Trento como una demostración de fe católica frente a la amenaza protestante.

En la Madrugá procesionan algunas de las imágenes más veneradas de la Semana Santa sevillana, entre ellas la Macarena y la Esperanza de Triana: dos vírgenes 'rivales', ya que los sevillanos se toman muy en serio sus filias y toman partido por una u otra. Algo similar a lo que ocurre con los grandes equipos de fútbol de la ciudad: el Betis y el Sevilla.

Procesión por Semana Santa en la plaza del Triunfo.

tomar unas cañas entre amigos en la plaza del Salvador, con las escaleras de la colegiata como asiento. Hay varios, pero es en este local, que también tiene restaurante, donde mejor tiran la cerveza. (954 561 833; pl. del Salvador 6; 12.00-23.30 lu-sa, 12.00-17.00 do, cerrado do jun-sep; C5, 27 y 32)

La Flor del Toranzo BAR

34 PLANO P. 54, C4

Esta castiza tasca abierta en 1952 por un santanderino sigue fiel a sus inicios y continúa sirviendo productos cántabros, como sus famosas anchoas con leche condensada, sin olvidar las tapas sevillanas. Se trata de un buen rincón para hacer una parada, conversar con los vecinos de barra y dar buena cuenta de un papelón de chacinas o quesos. (954 229 315; c. Jimios 1; 12.30-16.00 y 20.00-23.30 ma-sa, 20.00-23.30 lu; T1 C5, 40 y 41)

Europa BAR

35 PLANO P. 54, E3

Un bar con mucha solera abierto en 1925 que conserva casi intacta su decoración. Además del encanto que aporta la pátina del tiempo, cuenta con una terraza en la bonita plaza de Jesús de la Pasión, a la que todos llaman plaza del Pan, con la trasera de la iglesia del Salvador como telón de fondo. (954 217 908; c. Siete Revueltas 35; 12.30-16.30 y 19.00-23.30 lu, mi y ju, 12.30-23.30 vi y sa, 12.30-16.30 do; C5, 27 y 32)

Manolo Cateca TABERNA

36 PLANO P. 54, D2

Recoleta taberna abierta en 1952 y especializada en vinos del Marco de Jerez. De pie y con la calle como antesala, los sevillanos adoran este clásico rincón a la hora del aperitivo, con sus azulejos trianeros, camareros a la antigua y tentadores montaditos. También abre por la mañana para los incondicionales de la copa de anís. (657 590 509; c. Santa María de Gracia 11; 10.30-16.30 lu-sa, cerrado ago; C5, 13, 14, 27 y 32)

La Mar de Fresquita CERVECERÍA/MARISQUERÍA

37 PLANO P. 54, C2

Un amplio local en el que siempre huele a mar, ideal para un aperitivo. Sus cigalas de Isla Cristina o las boquitas de la Isla se pueden saborear con una caña bien tirada, pero también con vinos del Marco de Jerez. Para los más sofisticados hay caviar, ostras y cavas. (955 725 532; c. San Eloy 42; 12.30-15.30 y 20.30-24.00 ma-do, cerrado ago; C5, 13, 14, 27 y 32)

La Aurora BODEGA

38 PLANO P. 54, E3

Esta vetusta bodega, abierta en 1913, es el rincón más auténtico que queda en el animado barrio de La Alfalfa. Con su mostrador original y las heridas del tiempo sin maquillar en sus paredes, en la barra de La Aurora se pueden tomar unas cañas o unos vinos, con alguna que otra tapa, y hacer amigos entre su variopinta clientela. (687 660 941; c. Pérez Galdós 9; 13.00-2.00 do-ju, 13.00-3.00 vi y sa; 20.00-2.00 lu-ju, 13.00-3.00 vi y sa, 13.00-2.00 do ago; C5, 13, 14, 27 y 32)

Ocio

Teatro de la Maestranza ÓPERA, MÚSICA, DANZA

39 PLANO P. 54, C5

Construido para albergar los espectáculos líricos de la Expo 92, este teatro se ha convertido en uno de los referentes del género en España. Aparte de producciones operísticas propias, ofrece conciertos y espectáculos de danza de grandes artistas internacionales, aunque con especial atención al flamenco. También es la sede de la Real Orquesta Sinfónica de Sevilla. (954 226 573; www.teatrodelamaestranza.es; paseo Colón 22; entradas 8-140 €, véase programación en la web; 20.00 C3, C4, 22, 26 y 25 M Puerta de Jerez)

Teatro Pathé TEATRO, FLAMENCO, MÚSICA, DANZA

40 PLANO P. 54, D2

Nació en 1925 como cine, la primera sala sonora de Sevilla. En su larga vida ha tenido muchos usos, entre ellos teatro y plató de televisión con Jesús Quintero. Reabierto en el 2021, toca todos los palos, desde las variedades hasta conciertos, y además ofrece a diario el espectáculo *Pasión,* una producción de **Teatro Flamenco Sevilla** (681 948 360; www.teatroflamencosevilla.com; entradas 15-25 € sin o con bebida, 34-49 € bebida y tapas; 17.30 y 19.30 lu-do). El Pathé programa para todos los públicos sin encasillarse en un género. (954 912 144; www.teatropathe.com; c. Cuna 15; entradas 14,95-29,95€, véase programación en la web; 21.30; cerrado ago; C5, 10, 11, 12, 15, 20, 24, 27 y 32)

La Casa de la Memoria

FLAMENCO

41 PLANO P. 54, D2

Buen lugar para asistir a un espectáculo flamenco de calidad. Este centro cultural, que también organiza exposiciones, ofrece un programa de cante, baile y toque con jóvenes figuras del género, muchas de ellas acreditadas por su triunfo en importantes certámenes. Es mejor reservar, pues solo tiene aforo para 90 personas. A veces hay pases adicionales. (954 560 670; www.casadelamemoria.es; c. Cuna 6 ; entrada espectáculos general/reducida 22/18 €; 19.30 ma-do; C5, 27 y 32)

Lobby

COPAS-CLUB

42 PLANO P. 54, B4

Un palacio del s. XIX, el de los Pickman (la familia que fundó la fábrica de cerámica La Cartuja), alberga desde el 2017 este club con distintos ambientes que permite desde relajarse en su biblioteca hasta bailar en su patio de columnas. Referencia para comenzar o acabar la noche en pleno centro, también acoge conciertos de pop-*rock*. En su terraza funciona el **Ático Lobby,** una buena opción para disfrutar de una copa con vistas en el centro. (c. Reyes Católicos 23; 16.00-07.00 ju-sa, jun-sep cerrado; C4, C5, 3, 40 y 41 M Puerta de Jerez)

Plaza de la Real Maestranza de Caballería

TOROS

43 PLANO P. 54, C5

Este coso privado pertenece a la Real Maestranza de Caballería, una orden nobiliaria que se remonta al s. XIII. El actual edificio comenzó a construirse en 1761 aunque, 10 años más tarde, Carlos III prohibió las corridas de toros, de forma que las obras no se retomaron hasta 1881. Pero que la plaza no estuviese terminada, y el empeño de la Corona en acabar con la tauromaquia, no impidió que se celebraran corridas de toros, pues los tendidos se completaban con madera. La plaza incluye el importante **Museo Taurino.** (954 210 315; www.plazadetorosdelamaestranza.com; paseo Colón 12; corridas consultar web; entrada museo general/reducida 10/6 -3,50€; 9.30-21.00 lu-do may-oct, gratis mi 17.30-2100, 9.30-19.00 lu-do nov-ab, gratis mi 15.30-1900; C4, C5, 3, 40 y 41 M Puerta de Jerez)

Exterior de Arjé.

Sabores de Sevilla

CLASES DE COCINA

44 PLANO P. 54, C2

Marta Santamaría, cocinera y cantante profesional, imparte divertidos cursos de cocina sevillana on la soleada terraza del *hostel* The Nomad. Además de aprender cómo se hacen las famosas espinacas con garbanzos, las croquetas de pollo o la tortilla de patatas, la clase termina con un almuerzo en el que los participantes dan buena cuenta de lo que han hecho y de los platos ya preparados por la maestra. La experiencia, que se ofrece en español, inglés o portugués, suele acabar con un animado fin de fiesta. Imprescindible reservar. (☎619 716 121/marta santamaria28@gmail.com; The Nomad Hostel; c. Itálica 1; grupos 25 personas 30 €, grupos 10 personas 50 €, ambos incluyen almuerzo; 🕙10.00-15.00 segundo y cuarto sa del mes; T1 C5)

De compras

Arjé

COMPLEMENTOS, REGALOS, CERÁMICA

45 PLANO P. 54, F5

La antigua casa de postas del barrio de Santa Cruz, una gran nave con casi siete metros de altura que conserva su elegante estructura de hierro del s. XIX, es un buen lugar para encontrar regalos originales o recuerdos de Sevilla sin caer en lo *kitsch*. El establecimiento tiene otro local en el centro (c. Mateos Gago 35; 🕙17.00-21.00 lu, 11.00-14.00 y 17.30-21.00 ma-vi, 11.00-14.00 sa). Cerámica, bisutería, pañuelos de seda pintados con temas de mosaicos... casi todo artesanal y hecho en Andalucía.

(954 564 296; www.arjedecoracion.com; pasaje de Andreu 2; 11.00-14.30 y 17.00-20.00 lu-vi, 11.00-14.30 sa; T1 C3, 1, 5 y 21 M Puerta de Jerez)

Vivascarrión

SOMBRERERÍA

46 PLANO P. 54, B2

Los maestros sombrereros Felipe y Manuel Tolentino llevan desde 1998 tocando las cabezas de famosas en todo el mundo, no en vano su atelier está entre los mejores, según las grandes revistas de moda. Vivascarrión, antes Tolentino, une el arte con el diseño de moda para producir piezas únicas para todas las ocasiones, desde las más atrevidas a las más sobrias. Sus sombreros, también de caballero, son verdaderas esculturas. (670 652 510; www.vivascarrion.com; c. Monsalves 35; atienden con cita previa; C3, C4, C5, 6 y 43)

Aurora Gaviño

MODA FLAMENCA

47 PLANO P. 54, D3

De sus percheros cuelgan atrevidos trajes de flamenca, pero también diseños urbanos inspirados en esta moda y hasta trajes de novia. Un universo sorprendente firmado por la diseñadora sevillana para ser flamenca todos los días del año. (628 245 626; www.auroragavino.com; c. Álvarez Quintero 16; 10.30-14.00 y 17.30-20.00 lu-vi, 11.00-14.00 sa, cerrado ago; T1 C5, 40 y 41 M Puerta de Jerez)

Johari

COMPLEMENTOS, DISEÑO CONTEMPORÁNEO

48 PLANO P. 54, E4

Atrevidos y bonitos complementos diseñados por creadores brasileños, italianos, franceses y españoles. Pendientes, pañuelos, velas y un sinfín de propuestas entre las que destacan sus imaginativas gargantillas con formas florales realizadas en caucho vegetal. (954 085 598; www.joharicontemporaneo.com; c. Francos 29; 10.30-14.00 y 17.00-20.30 lu-vi, 11.00-19.00 sa, 10.00-14.00 y 17.30-21.00 lu-vi, 10.00-14.00 sa jul u ago; T1 C5, 40 y 41 M Puerta de Jerez)

Delimbo

GALERÍA DE ARTE URBANO

49 PLANO P. 54, E2

Un espacio donde se puede contemplar una muestra de arte urbano o de posgrafiti de artistas nacionales e internacionales. Delimbo es uno de los locales del barrio de la Alfalfa que integra lo que ellos mismos han llamado Soho Benita: cosmopolitas y sin complejos. (954 112 649; www.delimbo.com; c. Pérez Galdós 1 Acc; 11.00-14.00 y 17.30-19.30 ma-vi, 11.00-14.00 sa o con cita previa info@delimbo.com, cerrado ago; C5, 13 y 14)

La Campana

CONFITERÍA

50 PLANO P. 54, D2

Durante cuatro generaciones, la familia Hernández se ha encargado de hacerles la vida más dulce a

Interior de la sombrerería Vivascarrión.

autóctonos y forasteros. La confitería, abierta desde 1885 y decorada en estilo *art nouveau*, tiene casi de todo, pero las delicias más demandadas son las cervantinas, el milhojas de turrón y las rocas. (☎954 223 570; www.confiterialacampana.com; Sierpes 1 y 3; ⏰8.00-22.00 lu-vi, 8.00-23.00 vi sa, 8.00-23.00 lu-ju, 8.00-24.00 vi y sa jun-sep; 🚌C5, 13, 14, 27 y 32)

Caótica

LIBRERÍA

51 PLANO P. 54, D1

Esta librería es un espacio mágico para los amantes de las letras. Nacida como una cooperativa integrada por micromecenas, es un lugar especial y relajado en el que siempre hay alguien amable dispuesto a aconsejar al lector de cualquier edad. Organizan también catas literarias y presentaciones de libros, entre otras muchas actividades. Su cafetería, Café Vicentina, en la 2ª planta, invita a quedarse un buen rato y a curiosear en las secciones de novela gráfica, cómic y juegos de mesa. (☎955 541 966; www.caotica.es; José Gestoso 8; ⏰10.00-14.00 y 17.00-20.30 lu-sa, 10.00-14.00 y 18.00-21.00 med. jun-med. sep; 🚌C5, 13, 14, 27 y 32)

Circuito a pie

Patios, entre lo público y lo privado

El origen del patio se remonta a la domus *romana, en la que el atrio, con su* impluvium *–recolector del agua de lluvia–, era el elemento fundacional de la construcción, que se levantaba sobre una geometría cuadrada o rectangular. Los árabes heredaron de los romanos el concepto de patio y este se ha mantenido a lo largo de los siglos en la arquitectura andaluza. El sevillano Guillermo Vázquez Consuegra, Medalla de oro de la Arquitectura Española 2016, ha seleccionado y comentado este paseo por algunos de los mejores patios de la ciudad.*

Datos

Inicio Real Fábrica de Tabacos; M Puerta de Jerez

Final Espacio Santa Clara; C3, C4, 3 y 6

Distancia 4,5 km; 5-6 h

Casa de Pilatos

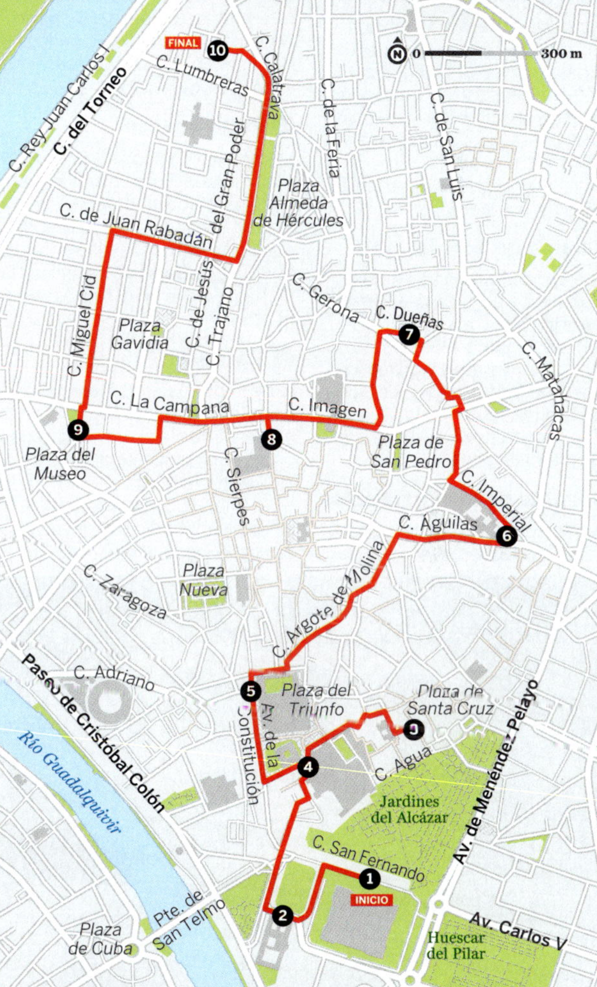
FINAL
10
C. Lumbreras
C. Calatrava
C. de la Feria
C. de San Luis
C. Rey Juan Carlos I
C. del Torneo
C. del Gran Poder
Plaza Almeda de Hércules
C. de Juan Rabadán
C. de Jesús
C. Trajano
C. Miguel Cid
Plaza Gavidia
C. Gerona
C. Dueñas
7
C. Matahacas
C. La Campana
C. Imagen
9
8
Plaza del Museo
C. Sierpes
Plaza de San Pedro
C. Imperial
C. Águilas
6
C. Zaragoza
Plaza Nueva
C. Argote de Molina
C. Adriano
Paseo de Cristóbal Colón
5
Plaza del Triunfo
Plaza de Santa Cruz
3
Av. de la Constitución
4
C. Agua
Río Guadalquivir
Av. de Menéndez Pelayo
Jardines del Alcázar
C. San Fernando
1
INICIO
2
Pte. de San Telmo
Plaza de Cuba
Av. Carlos V
Huescar del Pilar

❶ Real Fábrica de Tabacos

La austeridad preside la Fábrica de Tabacos (p. 118), que sigue el modelo renacentista de Juan de Herrera y es, quizá, el mejor ejemplo de arquitectura industrial española del s. XVIII. Su extensa y compacta planta está punteada con numerosos patios de exacta y severa composición.

❷ Palacio de San Telmo

El patio de honor constituye, junto a su magnífica portada y la capilla, el eje compositivo de San Telmo (p. 117), de acuerdo a las pautas del renacentista Filarete. La arquería abierta de la planta baja y los balcones de la alta recuerdan la obra de Juan de Oviedo en el convento de la Merced (Museo de Bellas Artes).

❸ Hospital de los Venerables

Diseñado por el maestro barroco Leonardo de Figueroa, al igual que San Telmo, Los Venerables (p. 56) se organiza en torno a un patio principal, cuyo espacio central se rehúnde en círculos concéntricos llenos de vegetación.

❹ Real Alcázar

Metáfora de la ciudad, el Real Alcázar (p. 46) es como un palimpsesto que se ha extendido a lo largo de siglos con un admirable equilibrio entre sus diferentes estilos. Los patios han desempeñado un papel clave en esta sorprendente urbe.

❺ Catedral

El bello patio de los Naranjos de la primitiva Mezquita Mayor ilustra perfectamente su condición de plaza pública, de lugar de transición entre lo público y lo privado en el interior de la catedral (p. 42). Actualmente solo puede accederse con la visita al conjunto.

Hospital de los Venerables.

❻ Casa de Pilatos

El patio apeadero de la Casa de Pilatos (p. 56), espléndido espacio de articulación entre el edificio y la calle, da paso a otro renacentista que aloja una de las más bellas escaleras de la ciudad.

❼ Palacio de Las Dueñas

Un patio central porticado, con arquerías en dos plantas decoradas con yeserías renacentistas y balaustrada calada de estilo gótico, es el corazón del magnífico palacio de Las Dueñas (p. 83). El conjunto de la edificación se rodea de esplendidos jardines que se aprietan contra las tapias.

❽ Palacio de la Condesa de Lebrija

El palacio de Lebrija (p. 57) es como un mecano del s. XIX; sus patios fueron diseñados para albergar magníficos mosaicos romanos procedentes de Itálica y azulejería del s. XVI.

❾ Museo de Bellas Artes

Todavía hoy sorprende la manera en que Juan de Oviedo estructuró los tres patios principales del antiguo convento de la Merced, hoy Museo de Bellas Artes (p. 50), en torno a su magnífica escalera.

❿ Espacio Santa Clara

Lo que fuera el compás de Santa Clara (p. 83), equivalente a los zaguanes y apeaderos de la arquitectura civil, es una plaza pública frente al magnífico pórtico de la iglesia y que da paso a un intrincado dédalo de espacios abiertos y arquitecturas de muy diversas épocas. Solo está completada la primera fase de su restauración.

Palacio de Las Dueñas.

La Macarena y la Alameda de Hércules

Nadie debería abandonar la ciudad sin darse un garbeo por la Alameda, su verdadero centro de ocio repleto de terrazas de bares y restaurantes. Locales alternativos que conviven con apuestas modernas en un barrio que conserva el encanto popular de la calle Feria, con su mercado de abastos; y a Hércules, el mítico fundador de Sevilla, que vela para que todos disfruten.

La basílica de la Macarena (p. 86), templo de la Virgen más piropeada de España, es ideal para comenzar. Tras contemplar la muralla almorávide (p. 85), un paseo por la calle San Luis permite admirar la iglesia barroca de San Luis de los Franceses (p. 84).

Las calles Socorro y Sol desembocan en la plaza de los Terceros, donde la taberna Los Claveles (p. 91) tienta a refrescarse. Para el almuerzo, El Rinconcillo (p. 88), el bar más antiguo de Sevilla. Luego, subir a la terraza del Metropol Parasol (p. 83) y visitar su Antiquarium (p. 83) es como viajar del presente al pasado.

El Eslava (p. 86) es la mejor opción para cenar. Por delante queda toda una noche en la Alameda, desde la primera copa en el Veneranda (p. 91) y otra en el Corral de Esquivel (p. 90) hasta el animado Fun Club (p. 91).

Cómo llegar

Las líneas C5, 13 y 14 son las más convenientes para visitar la Alameda de Hércules y Feria; una vez en el barrio todo queda a unos pasos, incluso La Macarena, por donde, además, pasan las líneas C2, C4, 2, 13 y 14. Por la cercana avenida Torneo discurren las líneas C3, C4, 3 y 6.

Plano de la zona en p. 82.

Vista nocturna del Metropol Parasol y el entorno. ARCADY/SHUTTERSTOCK ©

Circuito a pie

Los dominios de Hércules

Se desconoce si al mítico semidiós le gustaba beber y divertirse a la caída del sol, tras cumplir con sus extenuantes trabajos. Lo cierto es que, le agradase o no, el presunto 'fundador' de Sevilla protege, desde lo alto de una columna romana, la Alameda de Hércules, un amplio bulevar que, en los últimos 30 años, se ha convertido en un templo del hedonismo al aire libre.

Datos

Inicio Alameda de Hércules

Final Casa Vizcaíno

Duración 1,5 km; 3 h

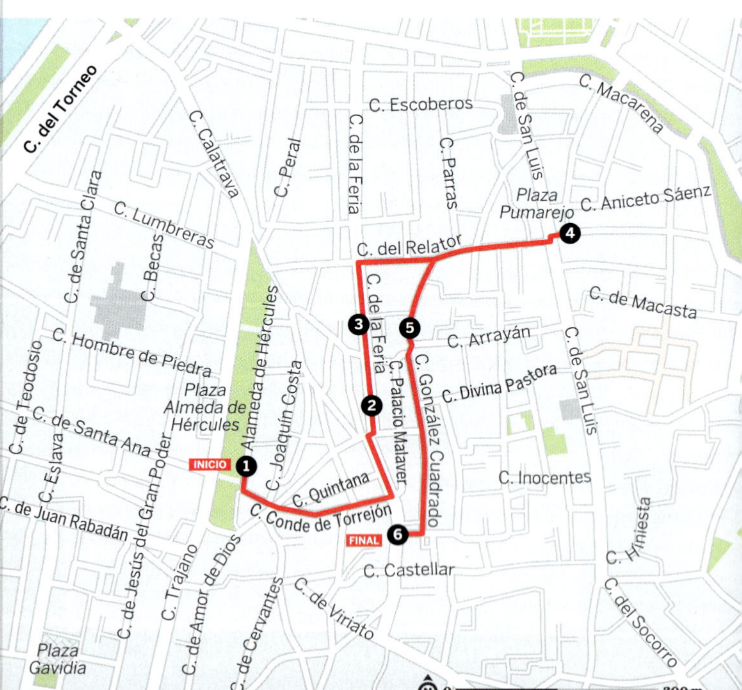

❶ Alameda de Hércules

Cualquier hora del día es buena para desconectar un rato y disfrutar de una cerveza en alguna de las muchas terrazas de este paseo, la zona con más densidad de bares y restaurantes de Sevilla. Desde zona residencial burguesa hasta el gran prostíbulo de la ciudad, este espacio ha sido casi de todo.

❷ Mercado de Feria

No todo el mundo puede presumir de hacer la compra en un edificio de 1719. El **mercado de Feria** (c. Feria 98; 8.00-15.00 lu-sa; C5, 13, 14) es uno de los rincones con más sabor de la ciudad, y no solo por el buen género, sino también por el ambiente que se respira en bares como **La Almadraba** (670 313 799; puestos 49-50; tapas 2,20-5 €; 12.30-17.00 y 20.30-24.00 ma-sa, 12.30-17.00 lu y do), con su selección de salazones, conservas de Barbate y vinos de Cádiz. Es famoso por la mojama y el atún de ijada.

❸ El Jueves

Todos los **jueves** (8.00-16.00 ju; C5, 13, 14), a menos que llueva a cántaros, la calle Feria se transforma en un mercadillo. Anticuarios con buen género se mezclan con chamarileros, vendedores de ropa usada, libros de viejo o discos de vinilo. Los tenderetes cambian la fisonomía del barrio ese día. Se puede curiosear y regatear.

❹ Plaza Pumarejo

Muchos de los palacios que se levantaron en los ss. XVIII y XIX se convirtieron después en corralas o casas de vecinos donde las familias se hacinaban en una o dos habitaciones y compartían baño y lavadero. La plaza Pumarejo conserva dos de estas estructuras, en una de las cuales se aloja la **Bodega Camacho** (pl. Pumarejo 3; 12.00-16.00 y 19.30-24.00 ma-sa, 12.00-17.00 do, cerrado do jul, cerrado ago; C5), con sus afamados caracoles.

❺ Palacio de los Marqueses de la Algaba

Los sevillanos han recuperado uno de sus principales monumentos civiles del mudéjar, que estuvo en ruinas durante décadas. El **palacio de los Marqueses de la Algaba** (955 472 097; pl. Calderón de la Barca 1; gratis 10.00-14.00 y 18.00-21.00 lu-vi y 10.00-14.00 sa abr-oct, 10.00-14.00 y 17.00-20.00 lu-vi y 10.00-14.00 sa nov-mar; C5, 13, 14) es ahora el Centro del Mudéjar, con lo mejor de la colección arqueológica municipal y un patio que se transforma en teatro al aire libre en verano.

❻ Casa Vizcaíno

Para los aficionados al vermú, nada mejor que una parada en esta tasca con una clientela de lo más dispar, desde los paisanos que viven a la vuelta de la esquina hasta artistas, jóvenes jipis o el público del mercadillo de El Jueves. La **Casa Vizcaíno** (954 386 057; c. Feria 27; 12.00-16.30 y 20.00-23.30 lu-vi, 12.00-16.30 sa, do y fest, ago cerrado; C5, 13, 14) da de beber al sediento y cháchara a quien se acode en su barra.

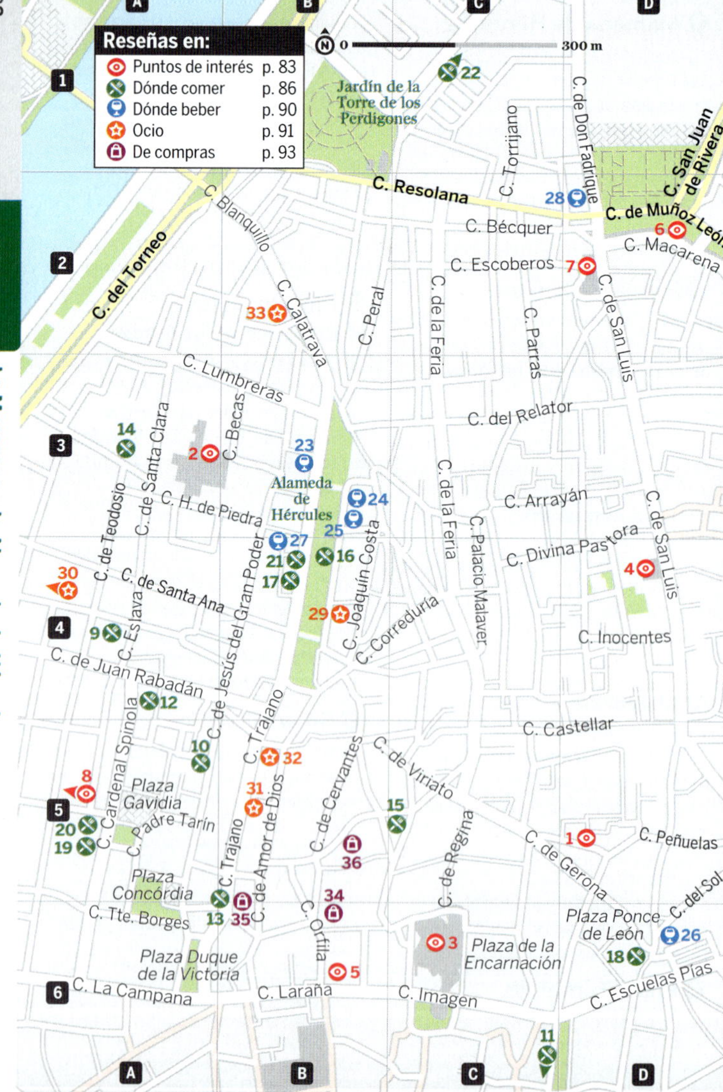
Reseñas en:
Puntos de interés p. 83
Dónde comer p. 86
Dónde beber p. 90
Ocio p. 91
De compras p. 93
0 300 m
Jardín de la Torre de los Perdigones
C. Resolana
C. Torrijano
C. de Don Fadrique
C. San Juan de Rivera
C. de Muñoz León
C. Macarena
C. Bécquer
C. Escoberos
C. Blanquillo
C. del Torneo
C. Calatrava
C. Peral
C. de la Feria
C. Parras
C. de San Luis
C. Lumbreras
C. del Relator
C. Becas
C. de Santa Clara
C. H. de Piedra
Alameda de Hércules
C. Arrayán
C. de Teodosio
C. Joaquín Costa
C. Palacio Malaver
C. Divina Pastora
C. de Santa Ana
C. Eslava
C. de Jesús del Gran Poder
C. Correduría
C. Inocentes
C. de Juan Rabadán
C. Cardenal Spinola
C. Trajano
C. Castellar
C. de Viriato
C. de Cervantes
Plaza Gavidia
C. Padre Tarín
C. Amor de Dios
C. de Regina
C. Peñuelas
C. de Gerona
Plaza Concórdia
C. Tte. Borges
C. Orfila
Plaza Ponce de León
C. del Sol
Plaza de la Encarnación
Plaza Duque de la Victoria
C. La Campana
C. Laraña
C. Imagen
C. Escuelas Pías
A
B
C
D
1
2
3
4
5
6

Puntos de interés

Palacio de Las Dueñas

CASA-MUSEO

1 PLANO P. 82, D5

En el 2016 la Casa de Alba abrió al público el palacio de Las Dueñas, la residencia más querida de la duquesa Cayetana Fitz-James Stuart, quien falleció en la ciudad en el 2014. El conjunto, construido en el s. XV por los Pineda, conserva aún vestigios de su original estilo gótico-mudéjar, aunque su aspecto actual es eminentemente renacentista. Un recorrido por sus salones permite admirar obras de José de Ribera, Aníbal Carraci o Sofonisba Anguissola, mientras que en sus deliciosos jardines todavía resuenan los versos del gran poeta Antonio Machado, que nació en este mismo edificio, del que su padre era el administrador: "Mi infancia son recuerdos de un patio de Sevilla y un huerto claro donde madura el limonero...", árbol que aún verdea en Las Dueñas. (954 214 828; www.lasduenas.es; c. Dueñas 5; adultos/reducida 12/10 €, lu no fest desde 16.00 gratis; 10.00-20.00 lu-do abr-sep, 10.00-18.00 lu-do oct-mar; C5, 11, 12, 24, 27 y 32)

Espacio Santa Clara

CENTRO CULTURAL

2 PLANO P. 82, A3

Este sorprendente laberinto arquitectónico ha estado habitado desde el s. XII, cuando fue palacio almohade, hasta 1996, fecha en la que lo abandonaron las últimas monjas clarisas. Aunque solo está restaurado un tercio de sus 8500 m^2, el resultado es un espacio que conjuga el espíritu de un monasterio mudéjar y renacentista con usos expositivos y escénicos, como obras de teatro, conciertos y espectáculos de flamenco. Consúltense precios por teléfono. En sus jardines se alza la **torre de Don Fadrique,** una atalaya defensiva del s. XIII románica y gótica restaurada en el 2022 y que puede visitarse previa cita. Además, en febrero del 2023 se ha reabierto, tras una restauración de tres años, la **iglesia de Santa Clara.** Este templo del s. XVII con obras de Martínez Montañés que cerró cuando se marcharon las clarisas vuelve a funcionar como parroquia. El centro acoge desde el 2019 la **sala Luis Gordillo** (10.00-14.00 y 17.00-20.00 ma-sa, 10.00-14.00 do y fest), donde se muestra el conjunto de obras que el artista sevillano ha donado a la ciudad. (955 471 302; www.icas-sevilla.org; c. Becas s/n; gratis; 10.00-19.30 ma-sa, 10.00-14.00 do y fest; C3, C4, 3 y 6)

Antiquarium y Metropol Parasol

ARQUEOLÓGICO, MIRADOR, MERCADO

3 PLANO P. 82, C6

Las excavaciones previas a la construcción del Metropol Parasol dejaron al descubierto 13 siglos de la historia de Sevilla, desde los romanos hasta los almohades: un espectacular conjunto que incluye pozos de una factoría romana de salazones del s. I, villas con más de 30 mosaicos y hasta una casa del s. XIII. Sobre el Antiquarium se yerguen las "setas", como han bautizado los sevillanos al Metropol Parasol, que crecieron regadas por la polémica. Tras seis años de obras y casi el doble de lo presupuestado, esta gran estructura diseñada por Jürgen Mayer finalmente se inauguró en el 2011. El conjunto alberga el **mercado de la Encarnación** (8.00-15.00 lu-sa) y el espacio **Setas de Sevilla** con el mirador de 360° y una gran pantalla que ofrece una experiencia inmersiva. Además, al anochecer se activa el envolvente espectáculo de iluminación *Aurora* (Setas de Sevilla; www,setasdesevilla.com; general/reducidas/residentes 15/10 €/gratis; 9.30-24.00 lu-do nov-mar, 9.30-00.30 lu-do ab-oct. Antiquarium 955 471 580; www.icas-sevilla.org; pl. de la Encarnación s/n; general/residentes y menores de 16 años 2 €/gratis; 10.00-20.00 ma-sa, 10.00-14.00 do; C5, 27 y 32)

San Luis de los Franceses

ARQUITECTURA

4 PLANO P. 82, D4

Conmover era lo que pretendía el gran arquitecto barroco Leonardo de Figueroa cuando proyectó este templo que, tras una larga rehabilitación, se ha abierto al público y ofrece también visitas guiadas. Además de la impresionante iglesia, actualmente desacralizada, con los retablos de Pedro Duque Cornejo como telón de fondo, pueden verse la capilla doméstica y la cripta. El conjunto, fundado por los jesuitas en 1731, ha sido hospital, fábrica y hospicio. (954 550 207;

Uno de los miradores del Metropol Parasol.

HENRIQUE WESTIN/SHUTTERSTOCK ©

La herencia de la Expo 92

Hasta 1990, dos años antes de la Exposición Universal, un muro que discurría en paralelo a la avenida Torneo ocultaba el Guadalquivir, entonces un río contaminado que desprendía un olor insoportable, especialmente en verano. La Alameda de Hércules era un lugar poco recomendable, repleto de burdeles, alcahuetas y proxenetas, y en los alrededores de la torre de los Perdigones proliferaban las chabolas. Aunque la ciudad entera se benefició de la celebración de la Expo 92, el barrio de La Macarena y la zona de la Alameda lo hicieron aún más, debido a su proximidad a la isla de La Cartuja, donde se celebró el evento.

Un buen retrato de aquellos años es la película *Grupo 7*, dirigida por el sevillano Alberto Rodríguez en el 2012 y protagonizada por Antonio de la Torre y Mario Casas. La cinta, basada en hechos reales, narra cómo un grupo especial de la policía limpió el centro de la ciudad antes de la Expo 92.

www.dipusevilla.es; c. San Luis 37; general/residentes 4/1 €, do tarde gratis; 10.00-14.00 y 16.00-20.00 ma-do, 10.00-14.00 y 18.00-22.00 ma-do jul y ago; C4, 1 y 13)

Espacio Turina TEATRO, CENTRO CULTURAL

5 PLANO P. 82, B6

La música, todas las músicas, tienen un sitio en la sala Silvio –en honor al desaparecido roquero sevillano–. En este recoleto teatro de 452 butacas se puede oír música antigua, ópera, *jazz*, flamenco o contemporánea. El espacio acoge también talleres formativos culturales y a su lado se encuentra la **Sala Atín Aya** (955 470 699; www.icas-sevilla.org; c. Arguijo 4; gratis; 11.00-14.00 y 17.00-20.00 ma-sa, hasta 21.00 jul-sep, 11.00-14.00 do), un espacio expositivo que desde el 2018 forma parte del programa de Artes Visuales Contemporáneas del Ayuntamiento. (955 474 345; www.icas-sevilla.org; c. Laraña 4; conciertos 6-25 €; 12.00 y 20.00; C5, 27 y 32)

Muralla almorávide ARQUITECTURA

6 PLANO P. 82, D2

Contemplando las torres y los paños de muralla que permanecen en pie en torno al arco de la Macarena, restaurado en el 2022, y al Real Alcázar, es posible hacerse una idea de cómo era la fortificación de la ciudad en el s. XII, época en la que se levantó la muralla almorávide. (c. Parlamento de Andalucía y c. Muñoz León; C2, C4, 2, 10, 13 y 14)

Basílica de la Macarena
IGLESIA Y MUSEO

7 PLANO P. 82, D2

Contemplar la imagen de María Santísima de la Esperanza Macarena, una talla anónima del s. XVII, es una gran experiencia para muchos. La basílica, aunque de 1941, es fiel al más puro estilo barroco. El museo muestra mantos y joyas de la Virgen, una de las más populares imágenes de la Semana Santa sevillana, a la que los fieles gritan "¡guapa!" durante su procesión en la "Madrugá". (954 901 800; www.hermandaddelamacarena.es; c. Bécquer 1; museo 2,50 €/basílica gratis; 9.00-14.00 y 17.00-21.00 lu-sa, 9.30-14.00 y 17.00-21.00 do y fest; C2, C4, 2, 13 y 14)

Baños de la Reina Mora
ARQUITECTURA

8 PLANO P. 82, A5

Estos baños almohades del s. XIII, los mayores de los 19 que tenía la ciudad cuando la conquistó Fernando III, dan nombre a la calle Baños, donde tenían su entrada principal. El monumento, muy alterado en s. XVI por las monjas agustinas y ahora gestionado por la Hermandad de la Vera Cruz, está abierto al público con visitas guiadas desde el 2022. La visita incluye también la capilla barroca de la cofradía. (954 906 512; www.veracruzsevilla.org; c. Jesús de la Vera Cruz 29; general 4 €/menores de 18 años gratis; 11.00-13.00 lu-vi; visitas solo con cita previa llamar 11.00-13.00 y 18.00-21.00 lu-vi o escribir a banosdelareinamora@veracruzsevilla.org; C3, C4, 6, 14, 27 y 32)

Dónde comer

Eslava
ANDALUZA €€

9 PLANO P. 82, A4

Nadie olvida su paso por este grande de las tapas en el que es difícil encontrar un hueco. Su secreto: productos andaluces de primera, imaginación y grandes dosis de cariño. Entre su larga lista destacan el huevo sobre bizcocho de boletus, un cigarro para Bécquer (trampantojo a base de algas y chocos) o su original postre de helado de queso viejo. Habrá que ir más de una vez para poder probarlo casi todo. Además, en el 2020 nació a la vuelta de la esquina **La Cocina de Eslava** (954 868 860; 11.00-16.00 y 18.00-21.00 ma-sa, 11.00-15.00 do), donde se puede comprar para llevar casi toda la carta del Eslava, incluido sus pescados que se cocinan en el momento. (954 906 568; www.espacioeslava.com; c. Eslava 3; tapas 3,30-4,80 €, raciones 8,50-22 €, principales 14-27 €; almuerzo y cena ma-sa, cerrado 7-27 ago; C3, C4, 6 y 3)

La Azotea
GASTROBAR €€

Su cocina de autor, con deliciosas tapas de largos enunciados descriptivos, lo ha convertido en un bar de referencia. El éxito los ha llevado a abrir varios locales, el último en Conde Barajas 13, un coqueto espacio que incluye una mesa para cuatro en la cocina: la pecera. Frente al restaurante se encuentra la abacería, **La Tienda de la Azotea,** y el otro local, algo más grande, es el de Mateos Gago con veladores en la calle. (955 116 748; www.laazoteasevilla.com; c. Conde de Barajas 13; tapas 3,50-8 €, principales 12-22 €; almuerzo y cena lu-do; Abacería, c. Conde de Barajas, 12, almuerzo y cena lu-do; c. Mateos Gago 8; 955 697 888; desayuno, almuerzo y cena lu-do; C3, C4, 6 y 3)

Bache San Pedro

GASTROBAR, TAPAS **€€**

11 PLANO P. 82, C6

El chef gaditano Ale Alcántara, curtido en restaurantes tan prestigiosos como Azurmendi o Arola Gastro, abrió local en Sevilla en el 2017, un lugar en el que los productos del mar y la sierra gaditanos se recrean de manera sorprendente. El espacio, revestido de coloridas baldosas hidráulicas, se ha puesto de moda desde que el expresidente de EE UU Barack Obama cenó allí en el 2019, durante su asistencia a la Cumbre Mundial del Turismo. Tapas de alta cocina y veladores en la calle. (954 502 934; pl. Cristo de Burgos 23; raciones 8-16 €; almuerzo y cena lu-do, almuerzo y cena ma-sa jul y ago; C5, 27 y 32)

Detalle de los baños de la Reina Mora.

Az-Zait

DE FUSIÓN MEDITERRÁNEA **€€€**

12 PLANO P. 82, A4

Cocina imaginativa en base a productos tradicionales en un local profusamente decorado con frescos al estilo de una villa pompeyana. En su carta aparecen platos vegetarianos, sin lactosa ni gluten e, incluso, para niños. También ofrecen tres tipos de menús degustación. Es aconsejable reservar. La *Guía Michelin* lo ha distinguido como Bib Gourmand. (954 906 475; www.azzail.eatbu.com; pl. San Lorenzo 1; principales 17,95-23,50 €, menús degustación 37-50 €; almuerzo y cena ju-lu, cena mi, cerrado jul, C3, C4, 3 y 6)

Barra Baja

MEDITERRÁNEA **€€€**

13 PLANO P. 82, B6

Cocina de mercado y horno de carbón son los cimientos sobre los que los chefs Patricia Moliner y Rafa Liñán, ambos formados con Dani García, abrieron este nuevo restaurante en el 2022. Los pescados de las costas andaluzas y la vaca retinta del bajo Guadalquivir son las estrellas de su carta, en la que también incluyen ostras y cócteles. (955 055 660; www.barrabajarestaurante.com; c. Javier Lasso de la Vega 14; principales 14-25 €; almuerzo y cena mi-do, almuerzo y cena ma-sa jul-med sep; C5, 13 y 14)

Casa Manolo León ANDALUZA €€

14 PLANO P. 82, A3

Una casa señorial alrededor de un frondoso y fresco patio –aclimatado en invierno– es el escenario perfecto para saborear recetas clásicas de la cocina andaluza, como pochas con almejas y langostinos o alcachofas crujientes. Ideal para una cena romántica, buen servicio incluido. (954 373 735; www.manololeon.com; c. Guadalquivir 8; principales 19-26 €; almuerzo y cena lu-do; C3, C4, 3 y 6)

La Casa del Tigre DE FUSIÓN ANDALUZA €€

15 PLANO P. 82, C5

Un tigre que solía tomar el sol en el balcón, mascota del director del zoológico de Jerez en la década de 1970, da nombre a este restaurante, abierto a finales del 2019, en el que el chef Luis Plaza le da una vuelta de tuerca a recetas tradicionales andaluzas como el puchero o las mollejas de ternera y también aporta nuevos platos como el *coquelet*, un volátil muy apetecible. Ideal para cenas en pareja en un ambiente íntimo y con buen servicio. (954 728 113; www.lacasadeltigre.com; c. Amparo 9; principales 10-19,50 €; almuerzo y cena ma-sa; C5, 11, 12, 13, 14, 24, 27 y 32)

El Aljibe DE FUSIÓN MEDITERRÁNEA €€

16 PLANO P. 82, B4

Es una de las típicas casas de la Alameda, con su porche repleto de plantas a la entrada, convertida en elegante bar y restaurante. La cocina es mediterránea, fusionada con recetas orientales y latinoamericanas y que, si el tiempo acompaña, puede degustarse también en la azotea. (954 900 591; www.restaurantealaljibe.com; Alameda de Hércules 76; tapas 4,10-6,50 €, principales 8,20-19,70 €; almuerzo y cena lu-do; C5, 13 y 14)

El Disparate GASTROBAR €€

17 PLANO P. 82, B4

Ubicado en la planta baja del hotel The Corner House, ofrece una interesante carta con propuestas como sus famosos huevos estrellados del Gallinero de Sandra o el *carpaccio* de alcachofa y parmesano, además de algunos vinos del Marco de Jerez en la bodega. Su azotea se ha convertido en un acogedor bar que abre por las tardes. (680 127 413; www.somoseldisparate.com; Alameda de Hércules 31; principales 12,50-22,50 €; almuerzo y cena lu-do; C5, 13 y 14)

El Rinconcillo ANDALUZA €€

18 PLANO P. 82, D6

Es de visita obligada por dos razones: por ser el bar más antiguo de

Sevilla (1670) y por sus espinacas con garbanzos. La vetusta bodega ha crecido y ahora es también restaurante, con una buena selección de embutidos de la sierra de Huelva. Se impone reservar. (954 223 183; www.elrinconcillo.es; c. Gerona 40; tapas 2,50-4,50 €, principales 7-27 €; almuerzo y cena mi-lu; cerrado ago; C5, 27 y 32)

Palo Santo

SEVILLANA **€€**

19 PLANO P. 82, A5

Famoso por sus pavías de bacalao, el pescado rebozado que aquí saben freír en su punto, Palo Santo se ha convertido en un referente de la cocina sevillana, aunque también reinterpretan recetas de siempre como el bombón de cola de toro en hojaldre. Su terraza es un aliciente más para que siempre esté lleno. Mejor reservar. (854 700 892; pl. de la Gavidia 5; principales 10-16 €; almuerzo y cena ma-sa, almuerzo do; cerrado 1-15 ago; C5, 13, 14, 27 y 32)

Olivares

GASTROBAR **€**

20  PLANO P. 82, A5

Este local sin pretensiones en su puesta en escena y con una buena barra, ofrece muchas sorpresas en su cocina gracias al buen hacer del joven cocinero Javier Olivares. Su carta, de temporada, abarca desde un pepito de oreja hasta ortiguillas en tempura. Una buena opción para probar cosas nuevas sin rascarse demasiado el bolsillo. (854 724 846; c. Baños 3; tapas 2,50-15 €; almuerzo y cena ma-sa, almuerzo do; C5, 13, 14, 27 y 32)

Entrada al salón de la Gitana en el Palacio de Las Dueñas (p. 83).

'Alamedeando'

Lo mejor para conocer bien la zona es realizar un peregrinaje por sus bares, en los que, además, el forastero podrá hacer nuevos amigos. Los sevillanos son abiertos y no dudan en entablar conversación con el compañero de barra.

Blossom INTERNACIONAL €€

21 PLANO P. 82, B4

Su amplia terraza en una esquina de la Alameda es ideal para disfrutar de su carta corta y original con platos como el anticucho de solomillo ibérico o las *fabes* con setas, y también para tomar una tranquila copa. (955 648 989; www.blossomrestauranteytapas.makro.rest; Alameda de Hércules 32; principales 5,90-23 €; almuerzo y cena vi-do, cena lu-ju, cerrado 15-21 ago; C5, 13 y 14)

El Rinconcillo (p. 88).

La Tita Rita DE FUSIÓN ANDALUZA €

22 PLANO P. 82, C1

Luminoso y sencillo local, con un mostrador de ultramarinos, creado por los tres hermanos Gascón donde rescatan recetas de familia y las adaptan a paladares jóvenes. Sus tapas son abundantes, así que conviene dejar sitio para los postres. Cuenta con una soleada terraza. (689 731 128; pl. Doctor Barraquer 2; tapas 3-5,80 €, principales 6,50-10,50 €; desayuno, almuerzo y cena lu-do mar-oct, desayuno y almuerzo lu-mi, desayuno, almuerzo y cena ju-do nov-feb; 3, 6, 10 y 14)

Dónde beber

Corral de Esquivel BAR

23 PLANO P. 82, B3

Repleto a cualquier hora del día, este local aspira a ser algo más que un bar para pasar el rato. De sus paredes cuelgan interesantes exposiciones y, especialmente en verano, su terraza figura entre las más animadas de la zona y los lunes por la noche es punto de encuentro de un grupo de aficionados al flamenco y se producen momentos mágicos. (954 374 385; Alameda de Hércules 39; 8.30-2.00 do-ju, 9.30-3.00 vi y sa; C5, 13 y 14)

Veneranda
BAR

24 PLANO P. 82, B3

Para muchos es el punto de encuentro en la Alameda, tanto para tomarse la primera cerveza como la última copa. Entre los 'adictos' a este local, que antes era el Habanilla y en el 2022 cambió de dueño, se cuentan numerosos artistas, músicos y gente del teatro, y los sábados por la tarde se anima con las mezclas de DJ locales. (605 500 836; Alameda de Hércules 63; 12.00-1.00 lu-do; C5, 13 y 14)

Alameda Ritual Club
BAR

25 PLANO P. 82, B3

La cadena Ritual, conocida por sus lujosos hoteles gay, ha rehabilitado y convertido en local de copas una de las bonitas casas de principios del s. XX de la Alameda. Cuidada decoración y una amplia terraza en la que además sirven café y tartas. Por supuesto es *gayfriendly*. (633 398 008; www.ritualhoteles.com; Alameda de Hércules 68; 17.00-2.00 mi y ju, 14.00-3.00 vi y sa, 14.00-2.00 do; 17.00-2.00 lu-ju, 14.00-3.00 vi y sa, 14.00-2.00 do med mar-med ene; 13 y 14)

Los Claveles
BAR

26 PLANO P. 82, D6

Abierto en 1841 como bodega, de lo que dan prueba los azulejos publicitarios que flanquean la entrada, Los Claveles rebosa aún autenticidad. No hay que perderse su "completo", un montadito con secreto de cerdo, jamón y huevo de codorniz (3,50 €). (654 512 973; pl. de los Terceros 15; 8.00-24.00 ma-vi, 10.00-24.00 sa, 10.00-17.00 do, cerrado ago; C5)

Barón Rampante
BAR

27 PLANO P. 82, B4

Uno de los primeros locales de ambiente en la zona, que ha sabido hacerse con una fiel clientela entre la que también abundan los heterosexuales. A su alrededor han proliferado otros lugares parecidos. La amplia terraza se anima mucho por las noches. (647 249 537; c. Arias Montano 3; 15.00-2.00 lu-do oct-may, 19.00-2.00 lu-do jun-sep; 13 y 14)

Bar Plata
CAFÉ €

28 PLANO P. 82, D2

Hace más de un siglo que en este bar sirven exquisitas tostadas con aceite y jamón ibérico o, para los más golosos, chocolate con churros, lo que lo convierte en uno de los iconos del barrio de La Macarena. Su emplazamiento, enfrente del arco de la Macarena, contribuye a que siempre esté lleno. (954 371 030; c. Resolana 2; desayunos 1,25-6 €; desayuno, almuerzo y cena lu-do; C2, C4, 2, 13 y 14)

Ocio

Fun Club
CLUB-MÚSICA EN DIRECTO

29 PLANO P. 82, B4

Aún en activo y con la misma filosofía desde 1987, por esta sala, un espacio acogedor que facilita la cercanía con los artistas, ha pasado lo más granado del panorama del *rock* y el pop españoles. (www.funclubsevilla.com; Alameda de Hércules 86; 10 € con consumición, conciertos 10-20 €; 24.00-6.00 ju, 24.00-7.00 vi y sa, 21.30 conciertos; 13 y 14)

Malandar Music Club

SALA DE CONCIERTOS, DISCOTECA

30 PLANO P. 82, A4

Una de las salas de conciertos más exitosa y concurrida de Andalucía, con una programación ecléctica que contempla todos los gustos, desde el *indie* hasta el *rock* duro. Además, funciona como animado club nocturno en el que suena *house*, disco y electrónica. (www.salamalandar.com; c. Torneo 43; conciertos 10-25 €; 24.00-7.00 vi y sa, conciertos desde 21.30; C3, C4, 3 y 6)

Itaca

DISCOTECA GAY

31 PLANO P. 82, B6

Este legendario local gay, que nació en 1979 y es uno de los más antiguos del país, sigue brillando en la noche sevillana. Además de las actuaciones de *drag queens* los miércoles, jueves y domingos (01.00), los viernes se celebra la fiesta Sissypop en la que hay espectáculos, animadores y pinchan DJ nacionales e internacionales. Las puertas de Itaca están abiertas para todos, sean o no homosexuales. (c. Amor de Dios 31; entrada con consumición 8 € do-ju/12 € vi y sa; 23.00-05.00 do-mi, 23.00-07.00 ju-sa; C5, 13, 14, 27 y 32)

Pride B4R

CLUB, BAR GAY

32 PLANO P. 82, B5

Es un local solo para chicos, y punto de encuentro de 'osos' en la ciudad, aunque está abierto al resto de la comunidad homosexual. De jueves a domingo a las 22.00 hay actuaciones gratis de *drag queens*. Los fines de semana, la parte de discoteca se anima con los DJ residentes. (672 664 455; c. Trajano 38; 22.00-03.00 do-vi, 17.00-04.30 sa; C5, 13, 14, 27 y 32)

Teatro Alameda

INFANTIL, VARIOS

33 PLANO P. 82, B2

El Alameda ofrece espectáculos de música y teatro para los más pequeños todo el año, con funciones para escolares y otras abiertas al público en general, como la Feria Internacional del Títere, que se celebra en mayo desde 1980 y ocupa la calle y otros escenarios, con montajes también para adultos. El programa Teatreves ofrece espectáculos para adolescentes de sep a mar. (955 474 494; www.icas-sevilla.org; c. Crédito 13; entradas 4-10 €; 18.00 sa función familiar, resto de programación consultar; C1, C3, 3, 6, 13 y 14)

De compras

El Patio de la Loza CERÁMICA

34 PLANO P. 82, B6

Desde humildes botijos y huchas de barro blanco hechos en Lebrija (ideales para llevarse como recuerdo) hasta sofisticados jarrones o tazas *teste di moro* de Sicilia pintadas a mano, esta colorida tienda abierta a finales del 2021 apuesta por la cerámica en todas sus versiones. No faltan los lebrillos granadinos y originales vajillas de cerámica portuguesa. (717 190 162; www.elpatiodelaloza.com; c. José Gestoso 18; 10.30-14.00 y 17.00-20.30 lu-vi, 10.00-14.00 sa, 10.00-14.00 lu-vi ago, cerrado 7-20 ago; C5, 13, 14, 27 y 32)

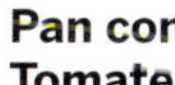

Pan con Tomate MODA, ACCESORIOS, DISCOS

35 PLANO P. 82, B5

Collares para epatar en una fiesta, bolsos, moda informal..., esta divertida tienda ofrece una original selección de ropa y accesorios, apta para casi todos los bolsillos (tiene un segundo espacio en c. Águilas 3). Enfrente, y de los mismos dueños, se encuentra **Latimore Records** (c. Amor de Dios 4), con una buena oferta de vinilos, también antiguos para nostálgicos y coleccionistas. (954 905 041; c. Amor de Dios 3; 10.30-14.00 y 17.00-21.00 lu-sa; C5, 13 y 14)

UNIVERSO EIRÍN ©

Interior de Universo Eirín.

Universo Eirín ARTE, DISEÑO

36 PLANO P. 82, B5

Innovación, emoción y sostenibilidad definen las creaciones de Mercedes Eirín, desde una pequeña escultura hasta el interiorismo de todo un espacio. La creadora, cuyo lema es "Si no emociona, no es Eirín", lo demuestra con creces en su propio local donde pueden admirarse esculturas, sillas, lámparas... objetos únicos y espacios divertidos y funcionales. (954 580 113; www.universoeirin.com; c. Don Pedro Niño 17; 9.00-18.00 lu-ju, 9.00-14.00 vi, cerrado 7-21 ago; 3, 13, 14 y 24)

Circuito a pie

Árboles singulares

En Sevilla hay con unos 200 000 árboles, de los cuales 50 000 son naranjos. La obra Árboles singulares de la ciudad de Sevilla, *publicada por el Ayuntamiento, reúne 84 árboles singulares comentados por un equipo de especialistas y coordinados por el ingeniero agrícola Pedro Torrent, del Servicio Municipal de Parques y Jardines. Torrent ha seleccionado cinco de estos ejemplares para este paseo.*

Datos

Inicio Real Alcázar; T1 C3, C5, 41 M Puerta de Jerez

Final Parque de María Luisa; 1, 3, 6, 34, 35 y 37

Distancia 2,6 km; 40-60 min

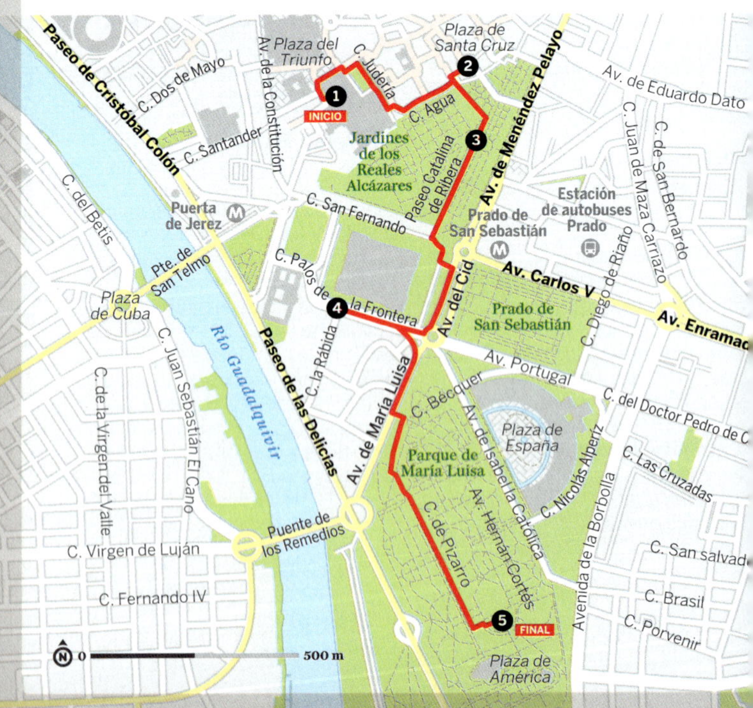

❶ Cica del jardín de las Damas

Esta cica revoluta, una palma de crecimiento muy lento, de los jardines del Real Alcázar ha alcanzado los 5,5 m de altura y presenta todo el tronco vestido de rebrotes (nº 56).

❷ Guayabo de la plaza de Santa Cruz

Ejemplar posiblemente plantado en 1921 coincidiendo con el ajardinamiento de esta plaza proyectada por Juan Talavera. Pertenece a la familia de las mirtáceas, como el eucalipto o el mirto. Con su nombre, asociado al dulce sabor de su fruto, se piropeaba en el siglo pasado a una chica guapa: un guayabo (nº 52).

❸ 'El Gran Capitán'

Eucalipto rojo ubicado en el paseo Catalina de Ribera. Es el árbol más alto de Sevilla, con 55 m, y fue plantado sobre 1930. El eucalipto, con unas 600 especies diferentes, se comienza a plantar en España en el s. XIX. (nº 14).

❹ Ficus del foso de la Fábrica de Tabaco

En la calle Palos de la Frontera, entre el palacio de San Telmo, la antigua Fábrica de Tabaco y el hotel Alfonso XIII, verdea este ficus que demuestra su adaptación al clima de Sevilla. Sin ser un ejemplar muy longevo, ha desarrollado una copa sobre la cual no se ha intervenido y mantiene su porte natural, extendiendo sus ramas hacia el foso de la Fábrica de Tabaco (nº 19).

Árboles singulares de la ciudad de Sevilla (2022) está disponible en la web del Ayuntamiento de Sevilla:

❺ Pino del monte Gurugú

En pleno parque de María Luisa, este pino puede tener más de 150 años. Fue plantado en ladera del monte Gurugú, un promontorio artificial diseñado por el paisajista André Lecolant. El pino es un componente esencial de los ecosistemas mediterráneos (nº 34).

Cica del jardín de las Damas.

Explorar Triana

En la práctica, Sevilla y Triana son dos ciudades separadas, o unidas, por el Guadalquivir. Algo así como Buda y Pest. Ambas orillas no estuvieron conectadas hasta 1852, cuando se construyó el puente de Isabel II. Triana, como dicen sus alegres y orgullosos vecinos, es "república independiente".

Atravesar el puente de Isabel II (p. 102) mientras se contempla el río es una buena forma de estrenar la jornada. Enfrente, el castillo de San Jorge (p. 101), sede del tribunal de la Santa Inquisición. Después de revivir tan negro pasado, una parada en el María Trifulca (p. 105). Desde la plaza del Altozano arranca la calle Pureza, donde se encuentra la capilla de los Marineros (p. 101), morada de la "Reina de Triana": Nuestra Señora de la Esperanza.

En la calle Pureza se alza también la llamada "catedral de Triana", la real iglesia de Santa Ana (p. 101). Para el aperitivo, es prescriptiva una parada en el Bar Santa Ana (p. 108), con sus castizas tapas; y para un suculento guiso a la orilla del río, el restaurante Lola Cazerola (p. 107). El pulso del barrio sigue en la calle de San Jacinto, flanqueada por construcciones típicas como la casa Mensaque, y Antillano Campos, emplazamiento de Las Golondrinas (p. 104), una buena opción para la cena.

Cómo llegar y desplazarse

Autobús Las líneas C1, C2 y C3 recorren el barrio de Triana. También circulan por sus principales calles los nº 5, 6, 40 y 43, aunque muchas de sus estrechas callejuelas son peatonales.

Metro La línea 1 tiene parada en la plaza de Cuba, donde termina la calle Betis.

Plano de la zona en p. 100

Calle Betis, en el barrio de Triana. JON CHICA/SHUTTERSTOCK ©

Circuito a pie

Día de mercado y atardecer en la calle Betis

Vagabundear por Triana es un lujo al alcance de cualquiera. Elegir el mejor género en su mercado, asomarse al Guadalquivir por el Callejón de la Inquisición, o dejarse acariciar por el sol en la calle Betis... Hay que disfrutar de este barrio con alma de pueblo, donde los vecinos aún se conocen.

Datos

Inicio Mercado de Triana

Final Calle Betis

Duración 1,2 km; 2 h

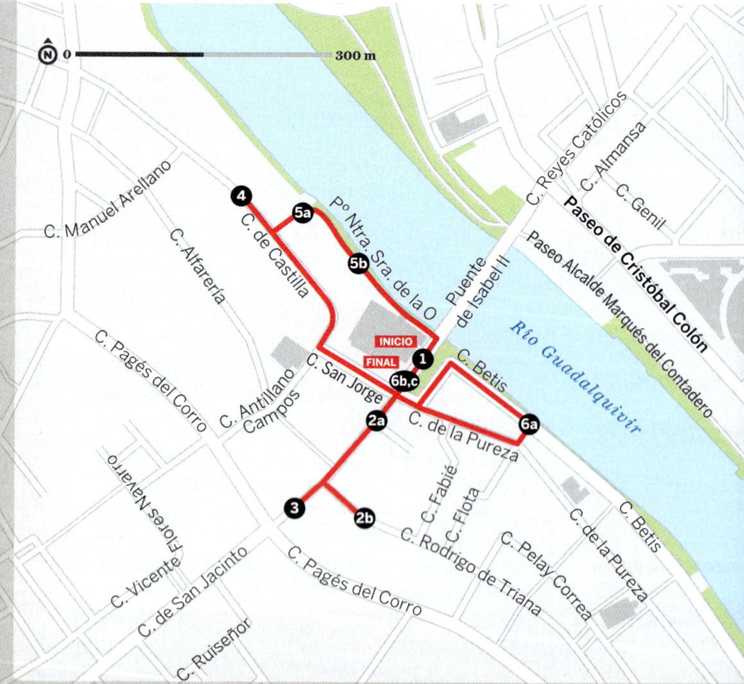

❶ Mercado de Triana

Dejarse invadir por los olores y escuchar a los tenderos de este mercado de abastos es un placer. El **mercado de Triana** (www.mercadodetrianasevilla.com; pl. del Altozano s/n; 8.00-18.00 lu-sa, 9.00-18.00 do, comercios 9.00-15.00 lu-sa; C4, C5, 3, 40, 41 y 43) integra las ruinas del castillo de San Jorge, sede de la Inquisición (p. 101).

❷ De paseo por San Jacinto

Con una parada en el Castillo de San Jorge (p. 101), hasta el s. XVIII sede de la Santa Inquisición, y otra para recuperarse del susto en la **Antigua Casa Diego** (c. Alfarería 5; 8.00-23.30 lu-do; C3, 40 y 43), donde el grifo de la cerveza se esconde tras una maqueta de la iglesia de Santa Ana, y tienen un buen surtido de tapas.

❸ Capilla de la Estrella

Los trianeros llevan a gala su religiosidad. Una imagen muy venerada es la Virgen de la Estrella, talla del s. XVII atribuida a Luisa Roldán, *la Roldana*, que se encuentra en la **capilla de la Estrella** (954 332 186; www.hermandad-estrella.org; c. San Jacinto 41; 10.00-13.30 y 18.00-21.00 lu-sa, 10.30-13.00 do, cerrado ago; C1, C2, C3 y 40).

❹ Nuestra Señora de la O

La Hermandad de Nuestra Señora de la O, fundada en el s. XV, levantó este **templo** entre 1697 y 1702, un tiempo récord (954 334 485; www.hermandad-de-la-o.org; c. Castilla 30; 10.00-13.30 y 18.00-20.30 lu-do oct-may, 10.00-13.30 y 19.00-21.00 lu-do may-sep; C3 y 43). Es la morada de *Jesús con la Cruz a cuestas*, de Pedro Roldán (1685).

❺ Callejón de la Inquisición

Por el arco de este callejón entraban al castillo de San Jorge los sospechosos de herejía; si salían era para ir a la hoguera. Ahora el arco conduce al paseo de Nuestra Señora de la O, donde se monta el **Paseo de Arte** (9.00-14.00 do), un mercadillo de artesanía.

❻ Postales desde la calle Betis

Contemplar el atardecer en una terraza de la calle Betis es alimento para el espíritu. Sevilla presenta un perfil maravilloso desde el otro lado del río. En el mercado de Triana, la **Casala Teatro** (651 643 455; mercado de Triana puestos 11 y 12; flamenco, general 35€; 18.00 ju; resto de programación ver código QR en la puerta del teatro con clave por la que hay que preguntar a espectadores anteriores; entradas 20-30€; C4, C5, 3, 40, 41 y 43) ofrece los jueves un espectáculo flamenco de La Chuni para un aforo reducido (28 personas), además de mantener una programación variada. También merece la pena la **Cervecería Loli** (670 617 465; mercado de Triana puestos 24 y 25; tapas 3,50-3,90 €; almuerzo do-ju, almuerzo y cena vi y sa, cerrado 1-21 ago), especialistas en cocinar el atún de muchas y sabrosas maneras y en guisos marineros.

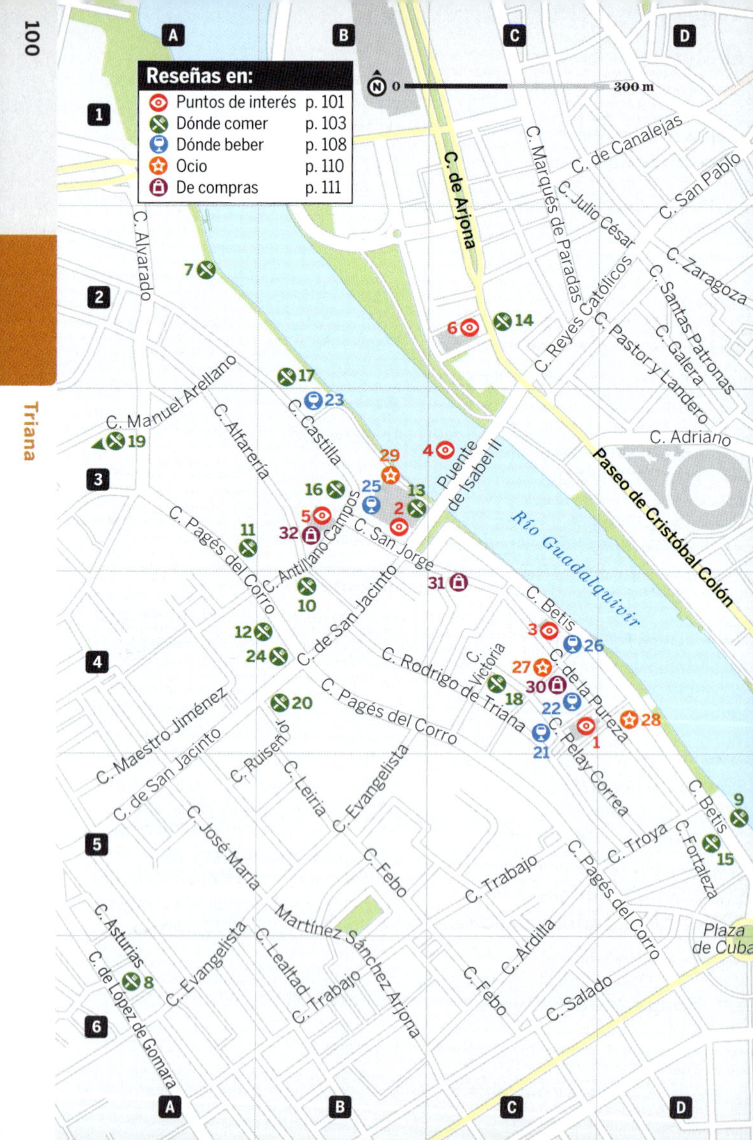
Reseñas en:
Puntos de interés p. 101
Dónde comer p. 103
Dónde beber p. 108
Ocio p. 110
De compras p. 111
0
300 m
A
B
C
D
1
2
3
4
5
6
C. de Arjona
C. Marqués de Paradas
C. de Canalejas
C. Julio César
C. San Pablo
C. Reyes Católicos
C. Zaragoza
C. Santas Patronas
C. Pastor y Landero
C. Galera
C. Adriano
Paseo de Cristóbal Colón
Puente de Isabel II
Río Guadalquivir
C. Alvarado
C. Manuel Arellano
C. Alfarería
C. Castilla
C. Pagés del Corro
C. Antillano Campos
C. San Jorge
C. de San Jacinto
C. Betis
C. Victoria
C. de la Pureza
C. Rodrigo de Triana
C. Pelay Correa
C. Maestro Jiménez
C. Ruiseñor
C. Leiria
C. Evangelista
C. Febo
C. José María Martínez Sánchez Arjona
C. Trabajo
C. Troya
C. Fortaleza
C. Ardilla
C. Lealtad
C. Salado
C. Asturias
C. de López de Gomara
Plaza de Cuba
1
2
3
4
5
6
7
8
9
10
11
12
13
14
15
16
17
18
19
20
21
22
23
24
25
26
27
28
29
30
31
32

Puntos de interés

Real iglesia de Santa Ana IGLESIA

1 PLANO P. 100, C4

A la real iglesia de Santa Ana, mandada construir por Alfonso X en 1266, la llaman la "catedral de Triana". Además de ser el primer templo de nueva planta que se levantó en Sevilla después de la Reconquista, en ella hacían estación de penitencia las hermandades de Triana en la Semana Santa hasta 1830. De estilo gótico-mudéjar, ha tenido sucesivas remodelaciones. Destaca el retablo mayor, con 15 pinturas sobre tabla de Pedro de Campaña, realizadas entre 1550 y 1556 y consideradas sus mejores obras. Se ofrecen visitas guiadas previa cita. (954 270 885; www.santanatriana.org; c. Vázquez de Leca 1; entrada 3 €; 10.30-13.30 y 16.30-19.00 lu-ju, 11.00-13.30 y 16.30-19.00 vi, jul y ago cerrado, consúltense horarios de misas; C3, 40 y 43)

Castillo de San Jorge MUSEO, CENTRO CULTURAL

2 PLANO P. 100, B3

Lo que queda de la fortificación medieval que sirvió de sede y prisión a la Santa Inquisición entre 1481 y 1785 es hoy –paradojas del destino– un centro temático de la tolerancia. Las ruinas del castillo, que se derribó en el s. XIX para hacer sitio al mercado de abastos, se han convertido en lugar de reflexión sobre el abuso de poder. Pero antes de que lo ocuparan los

Velá de Santa Ana

Es casi una feria en toda regla, con cartel, pregón, conciertos, deportes y, por supuesto, casetas en las que se puede comer y beber a lo largo de la calle Betis, la vía que flanquea el Guadalquivir con su imponente murallón y su zapata del s. XVIII, y en el Altozano. La fiesta, que tiene su origen en una romería que se organizaba en el s. XIII en torno a la real iglesia de Santa Ana, es la única que ha perdurado de cuantas se celebraban en los barrios de la ciudad. Entre los juegos más populares destaca el de la cucaña, en el que casi todos los concursantes acaban remojados en el río. (955 473 505, www.velasantaana.sevilla.org; última semana jul; C4, C5, 3, 40, 41 y 43; M Plaza de Cuba)

inquisidores, había sido fortaleza musulmana y, en torno a ella, nació en el s. X el arrabal de Triana. Hoy en día, este espacio acoge también espectáculos y exposiciones. (955 470 255; www.visitarsevilla.com/que-ver/monumentos/castillo-de-san-jorge/; pl. del Altozano s/n; gratis; 09.30-14.30 lu-do; C4, C5, 3, 40, 41 y 43)

Capilla de los Marineros IGLESIA

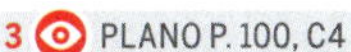

3 PLANO P. 100, C4

Aunque la Hermandad de la Esperanza de Triana existe desde 1418, fundada por el gremio de ceramistas, sus imágenes pasaron por varios templos hasta que, en 1815, dispusieron de esta capilla propia. Sin embargo, la hermandad tuvo que mudarse otra vez durante la Revolución de 1868 y no regresó a ella hasta 1962. Sus imágenes titulares son la Virgen de la Esperanza, una talla de 1816 de Juan de Astorga remodelada por Juan Ordóñez, que se ha convertido en la "cara de Triana", y el Cristo de las Tres Caídas, del s. XVI. El templo incluye también el Museo del Tesoro Devocional, que muestra todos los enseres de la hermandad. (954 332 645; www.esperanzadetriana.es; c. Pureza 53; museo entrada 4 €; 10.00-13.30 y 17.30-21.00 lu-sa, 10.00-14.00 y 17.30-20.30 do oct-may; 10.00-13-30 y 18.00-21.30 lu-sa, 10.00-14.00 y 18.00-21.00 do jun-sep; cerrado tardes jul y ago; C3, 40 y 43)

Puente de Isabel II ARQUITECTURA

4 PLANO P. 100, C3

Los trianeros tuvieron que esperar hasta 1171, cuando los almohades construyeron una pasarela de madera que flotaba sobre barcas, para poder llegar a pie a Sevilla. El inestable puente de Barcas, que necesitaba continuas reparaciones, se mantuvo hasta 1852, cuando se construyó el de Isabel II, más conocido como "puente de Triana". El nuevo puente de tres arcos y construido con hierro y piedra fue proyectado por los ingenieros franceses Fernando Bernadet y Gustavo Steinacher, a imagen del puente del Carrousel de París, y fue el primero que salvó el Guadalquivir a su paso por Sevilla. Actualmente la ciudad cuenta con 18 puentes. (paseo Alcalde Marqués de Contadero y paseo Nuestra Señora de la O; C4, C5, 3, 40, 41 y 43)

Centro Cerámica Triana MUSEO

5 PLANO P. 100, B3

El barrio, con sus orígenes de arrabal arcilloso y milenaria tradición alfarera, tiene un centro en el que se explica cómo se hacía, y se hace, la famosa cerámica pintada y los azulejos de Triana. Además, se exponen algunas piezas históricas. Se trata de la antigua fábrica de cerámica Santa Ana, un gran espacio convertido en museo por el Ayuntamiento, que acoge también un centro de interpretación del barrio. (954 342 737; c. Antillano Campos 2,4 y 6; general/reducida/residentes 2,10/1,60 €/gratis; 10.00-20.00 lu-do; C3 y 43)

Mercado del Barranco GASTRONOMÍA, ARQUITECTURA

6 PLANO P. 100, C2

Las antiguas naves del Barranco, un edificio diseñado por Gustave Eiffel para servir de lonja de pescado y construido entre 1876 y 1883, se han convertido en un mercado *gourmet* que acoge nueve puestos para todos los gustos, gestionado por una empresa que encabeza el torero Francisco Rivera. El edificio, ubicado en el lado sevillano del puente, es una construcción de 700 m^2 de hierro y vidrio. El conjunto continúa casi a orillas del Guadalquivir, con una amplia terraza, un cómodo espacio para tomar copas. (☎609 985 875; www.mercadolonjabarranco.com; c. Arjona 28; ⏰12.00-24.00 do-ju, 12.00-1.00 vi y sa; terraza 12.00-24.00 lu-mi, 12.00-02.00 ju y do, 12.00-3.00 vi y sa; 🚌C4, C5, 3, 40, 41 y 43)

Dónde comer

De la O
COCINA DE ORIGEN **€€€**

7 PLANO P. 100, A2

La filosofía del arquitecto y chef onubense Manuel Llerena es muy simple: productos frescos y ecológicos de cercanía elaborados a la brasa, a los que se suman sus guisos y arroces. Una carta corta, que cambia casi cada día, para disfrutar en un espacio diseñado también por Llerena en el que mandan la madera y las plantas. Un local agradable de líneas sencillas y con una amplia terraza mirando al Guadalquivir. Imprescindible reservar. (☎954 339 000; www.delaorestaurante.com; paseo Nuestra Señora de la O 29; principales 18-28 €; ⏰almuerzo lu-mi, almuerzo y cena ju-do, jul y ago cena lu-do, cerrado 15-31 ene; 🚌C3 y 43)

Jaylu
MEDITERRÁNEA **€€€**

8 PLANO P. 100, A6

Enrique Caballero se ha ganado a pulso un lugar entre los grandes de la restauración andaluza por haber convertido un pequeño restaurante, emplazado en una calle anodina, en visita imprescindible para los amantes del buen pescado y marisco: cocina sincera donde manda la materia prima,

Fachadas interiores del Centro Cerámica Triana.

bien seleccionada y mejor tratada. Dado que solo caben 40 comensales, conviene tener reserva. (954 339 476; www.restaurantejaylu.com; c. López de Gomara 19; tapas 8,50-35 €, principales 18-45 €; almuerzo y cena lu-sa, almuerzo do, cerrado 10-30 ago; C1, C2, 5, 6, 40, 41 y 43)

Abades Triana
ANDALUZA **€€€**

9 PLANO P. 100, D5

Desde sus mesas se tiene la sensación de que la Torre del Oro (p. 117) está al alcance de la mano. El edificio, obra del arquitecto Jaime Montaner, es como un gran balcón que otorga todo el protagonismo al río. Su cocina es de base andaluza pero más elaborada. (954 286 459; www.abadestriana.com; c. Betis 69; principales 20-50 €; almuerzo y cena lu-do, terraza hasta 2.00 jun-sep; C3, 6, 40 y 41; M Plaza de Cuba)

Montalván
ANDALUZA **€€€**

10 PLANO P. 100, B4

La fábrica de cerámica Montalván, una de las más bellas de Triana y construida en 1850 por Juan Talavera en estilo regionalista, se ha convertido en un coqueto bar y restaurante que ha sabido incorporar sus elementos industriales, como los hornos y restos de azulejos, para crear un sorprendente complejo de 2000 m^2. El proyecto, del estudio sevillano AF6 Arquitectura, lo abrió en el 2018 Francisco Arcas, de la familia propietaria de Las Golondrinas, y se ha convertido en uno de los más populares de la ciudad. Su cocina parte de la tradición pero se aventura más allá. Mejor reservar. (955 453 093; www.alfareria21.com; c. Alfarería 21; tapas 4,50-6,50 €, principales 14,50-25 €; almuerzo y cena lu-do; C3, 40 y 43)

Amarra
ANDALUZA, MARISQUERÍA **€€**

11 PLANO P. 100, A3

Pochas con almejas, cazón con tomate y sus famosas tortillitas de camarones son algunos de los platos más demandados. Un local de barrio, ampliado en el 2022, en el que los protagonistas aguardan en la nevera, junto a su concurrida barra. (954 338 224; www.amarra.eatbu,com; c. Pagés del Corro 43; tapas 2,80-3,50 €, principales 9-22 € almuerzo y cena ma-sa, almuerzo do, cerrado ago; C3, 40 y 43)

Las Golondrinas
SEVILLANA **€€**

12 PLANO P. 100, B4

Aunque nacido como bar de tapeo hace 50 años, su propietario, el desaparecido Paco Arcas, supo engordar el negocio que ahora llevan sus hijos. El local de la calle Pagés del Corro es más amplio y tiene una decoración más moderna; mientras que el primero de Antillano Campos ha crecido con un comedor frente al bar en el más puro estilo trianero, a base de azulejos y sillas de anea, que alivia las estrecheces del original. El público acude en busca de su famoso aliño de alcachofas –solo en temporada–, las puntas de solomillo y los caballitos de jamón. (954 331

Interior del Mercado del Barranco (p. 102).

626; www.barlasgolondrinas.com; c. Antillano Campos 26; 954 338 235; c. Pagés del Corro 76; tapas 2,80-5,10 €, principales 16-30 €; almuerzo y cena lu-do; C3 y 43)

María Trifulca SEVILLANA €€

13 PLANO P. 100, B3

La última estación marítima que funcionó en Sevilla, que unía la capital con Sanlúcar de Barrameda a través del Guadalquivir, ha recuperado su aspecto original. El edificio de 1922, levantado sobre una zapata del puente de Barcas, se ha convertido en el María Trifulca, nombre que recuerda la playa ribereña de la ciudad en la que, hasta la década de 1960, proliferaban las ventas como la de la pendenciera señora María. Desde su terraza se divisa el perfil más bello de Sevilla. (954 330 347; www.mariatrifulca.com; puente de Triana esq. pl. del Altozano; tapas 4-13 €, principales 18-25 €; almuerzo y cena lu-do; C4, C5, 3, 40, 41 y 43)

Casa Aníbal MEDITERRÁNEA €€€

14 PLANO P. 100, C2

El famoso arquitecto regionalista Aníbal González levantó este edificio de ladrillo en 1914 y, tras muchos usos, entre ellos casa de caridad, a finales del 2021 se convirtió en restaurante con una amplia terraza. Decorado con un aire modernista y con un bello ascensor, Casa Aníbal es un lugar chic en el que pasar una tranquila velada. En su carta destacan los arroces y los pescados. Conviene reservar. (691 510 512; www.casaanibalrestaurante.com; c. Reyes

Feria de Abril

A Sevilla le gusta lo efímero, una ciudad sin pereza para montar y desmontar, p. ej., el gran rompecabezas que es la Feria de Abril, capaz de albergar a un millón de personas y darles diversión, comida y bebida durante una semana. Temporales son también los grandes montajes que se realizan para la Semana Santa, el Corpus Christi y hasta las velas que cubren las calles del centro en verano para combatir el calor.

Desde la Noche del Pescaíto, la cena informal que ofrecen todas las casetas a la espera de que llegue la medianoche del sábado y el alcalde encienda el alumbrado, hasta que se apaguen los fuegos artificiales del sábado siguiente, la ciudad entera se traslada a los aledaños del barrio de Los Remedios. Los festejos comienzan al mediodía, con el paseo de caballos y enganches por el Real de la Feria, un espectáculo magnífico que se prolonga hasta las 20.00, hora en que los equinos tienen que volver a sus cuadras. Los propietarios de los carruajes, tiros de hasta seis caballos enjaezados con guarniciones de colores, desfilan por el Real por el mero placer de ver y ser vistos.

La cosa se complica para el visitante ocasional cuando llega la hora del almuerzo porque de las 1054 casetas que se montan en los 275 000 m² que ocupa la feria, únicamente 16 son públicas. Las demás solo son accesibles si se es invitado por un socio o un miembro de la familia titular, y muchas de ellas no admiten dinero, sino vales que solo pueden adquirir los mismos socios. Aunque se trata de una gran fiesta privada, la mayoría de los sevillanos ejercen de buenos anfitriones y abren sus puertas al forastero que, de otra forma, sería un mero espectador. Pero incluso como espectador merece la pena atravesar la gran portada de la Feria, recorrer sus 15 calles con nombres de toreros (Bombita, Chicuelo, Pepe Hillo, etc.), liberar adrenalina en las atracciones de la calle del Infierno, intentar marcarse unas sevillanas, aunque sea sobre el albero de la calle, y probar los buñuelos que fríen las gitanas.

Pero lo que más llama la atención de la Feria de Abril –que a veces se celebra en mayo, puesto que empieza 14 días después de la Semana Santa–, es el atuendo típico de las mujeres. Impresionan la belleza y originalidad de los trajes de flamenca y la sensualidad que destilan sus portadoras, en especial al compás de las omnipresentes sevillanas.

Católicos 22, principales 16-45 €; menús mínimo para 4 comensales 45-60 €; almuerzo y cena lu-do, cerrado 1-15 ago; C4, C5, 3, 40, 41 y 43)

Río Grande
MEDITERRÁNEA €€€

15 PLANO P. 100, D5

El restaurante Rio Grande reabre tras una completa remodelación que lo acerca aún más a la orilla del Guadalquivir, al mismo punto del que partió Magallanes en el mítico viaje que completó la vuelta al mundo. En la carta reinan las brasas y el chef Mariano Barrero presta especial atención a los productos de cercanía. El gran local cuenta también con un bar de tapas al aire libre, Balcón de Río Grande, donde se puede continuar con las copas. (954 273 956; www.riograndesevilla.com; c. Betis s/n; principales 12-38 €, tapas 6-12 €; almuerzo y cena lu-do; C3, 6, 40 y 41; Plaza de Cuba)

Casa Cuesta
SEVILLANA €€

16 PLANO P. 100, B3

Lo llaman el restaurante de los toreros porque en él se daban cita muchos de ellos en el siglo pasado; pero también lo hacían escritores, artistas, etc. Por el lugar ha tenido tiempo de pasar casi todo el mundo, ya que está abierto desde 1880. Su cocina es sevillana contundente. (954 333 335; www.casacuesta.net; c. Castilla 1; tapas 3,80-10,50 €, principales 8,50-24 €; almuerzo y cena lu-do; C3 y 43)

Lola Cazerola
ANDALUZA €€

17 PLANO P. 100, B2

Un agradable rincón con comida casera, en base a recetas de la familia de la propietaria, Lola García, como el estofado de rabo de toro, además de espléndidas vistas del Guadalquivir. En la trasera del local se puede comer en la terraza que montan a orillas del río siempre que el tiempo lo permita. Además, de miércoles a domingo hay espectáculos de flamenco a las 22.30 y los fines de semana también a las 17.00. (670 665 680; www.lolacazerola.es; c. Castilla 36; principales 12-18 €; almuerzo y cena lu-do; C3 y 43)

Victoria 8
ANDALUZA €€

18 PLANO P. 100, C4

Este pequeño y abigarrado restaurante se ha convertido, gracias a sus arroces caldosos marineros y sus empanadillas de perdiz, en uno de los más concurridos de la zona. También se puede tapear en su barra. Para el restaurante se recomienda reservar. (954 343 230; www.victoria8.es; c. Victoria 8; tapas 2,50-5 €, principales 10-22 €; almuerzo y cena ma-do, ago cerrado; C3 y 40)

Puratasca
GASTROBAR €€

19 PLANO P. 100, A3

Pionero de los gastrobares en Sevilla, se ha hecho con una amplia clientela gracias a su cocina imaginativa y de calidad. En una recóndita calle de Triana y con un ambiente inspirado en la década de 1970, tiene también una terraza. (954 331 621; www.puratasca.com; c. Numancia 5; tapas 4-18,50 €; almuerzo y cena lu-sa, cerrado 14-27 ago; C1, C2, 5, 6 y 43)

Blanca Paloma

ANDALUZA €€

20 PLANO P. 100, B4

Uno de los clásicos de Triana desde hace 40 años. Aunque el local se renovó en el 2012 para añadir un gran comedor con espacio para un centenar de personas, la cocina sigue manteniendo la misma calidad. Presa ibérica, bacalao, croquetas y ensaladilla rusa son algunas de sus tapas estrella. (954 333 640; www.restauranteblancapaloma.com; c. San Jacinto 49; tapas 2,75-4,50 €, principales 12-16 €; almuerzo y cena ma-sa, cena lu; C3, C2, 40 y 43)

Dónde beber

Bodega Siglo XVIII

BAR

21 PLANO P. 100, C4

Sus muros hablan de su pasado barroco como casa-palacio pero también de otro más reciente y popular, cuando fue casa de vecinos. La cara y la cruz del barrio se dan la mano en este bar rehabilitado con esmero y amplios espacios que invitan a la charla con una copa de vino en la mano. (617 897 981; www.sigloxviii.com; c. Pelay Correa 32; 12.00-16.30 y 19.30-24.00 ju-do, cerrado ago; C3, 40 y 43)

Santa Ana

BAR

22 PLANO P. 100, C4

Su barra sirve de consuelo a muchos de los que se acercan a la real iglesia de Santa Ana y se la encuentran cerrada, ya que este bar del mismo nombre está tan repleto de imágenes de aquella que no desmerece al propio templo. Su buena terraza, encarada a la plazuela de Santa Ana, añade encanto a este centenario local que fue remodelado a principios del 2023. (954 272 102; c. Pureza 82; 7.00-24.00 lu-vi, 8.00-24.00 sa y do; C3, 40 y 43)

Bodeguita el 24

BAR

23 PLANO P. 100, B3

Esta pequeña bodega, abierta en 1950, tiene una buena carta de tapas en la que destacan sus *montaítos* y los tortazos (tortas de Inés Rosales a las que se le añaden distintos ingredientes salados). Además, detrás de la barra hay un comedor para los que prefieran sentarse un rato. La puerta colindante da acceso a un precioso patio típico trianero repleto de macetas. Si el viajero coincide con la entrada de algún vecino puede pedirle que le deje echar un vistazo, merece la pena. (c. Castilla 18; tapas 2,50-4,50 €; 12.00-16.00 y 19.30-00.30 ma-do, 12.00-16.00 lu; C3 y 43)

Típico

BAR DE TAPAS

24 PLANO P. 100, B4

Ubicada en una concurrida esquina, Típico es una barra de tapas con la cocina abierta durante todo el día. Junto a los bocados más tradicionales se despachan también recetas muy elaboradas. (955 704 941; www.lavidaentapas.com; c. Pagés del Corro 86; tapas 3,50-4,90 €; 12.00-24.00 lu-do; C3, 40 y 43)

La Entrañable

BAR

25 PLANO P. 100, B3

Aunque abrió en el 2006, este bar tiene alma de taberna de barrio, un lugar donde los parroquianos van a pasar la tarde. A veces acoge exposiciones de fotografía y pintura, y ofrece bocados tradicionales como *pescaíto* frito o tortilla de patatas (3,40-3,90 €). (696 955 952; c. Callao 5; 12.30-16.30 do, ma y mi, 12.30-16,30 y 20.00-23.00 ju-sa, cerrado ago; C3 y 43)

Tarifa

CAFÉ-BAR

26 PLANO P. 100, C4

Disfrutar de un atardecer en la terraza de este café es un lujo al alcance de todos. Catedral, Giralda, plaza de toros, teatro de la Maestranza, Torre del Oro, etc.: lo más significativo de Sevilla queda a golpe de vista y, además, salpicado de esbeltas palmeras. El local, decorado con grafitis de artistas flamencos, sirve cafés, tés, tartas y dulces además de copas. Los domingos por la tarde hay actuaciones de flamenco y asimilados. (605 637 712; c. Betis

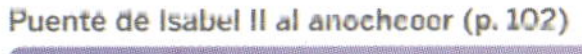
Puente de Isabel II al anochecer (p. 102)

Por tangos flamencos

Si de algo puede presumir Triana es de ser el barrio más flamenco de Sevilla. Ha dado grandes figuras del cante, el toque y, sobre todo, el baile. Y aunque muchos se han mudado, todavía hay bailaores dispuestos a compartir su arte en sus academias, en las que se puede empezar de cero, como es el caso de **Matilde Coral** (600 371 789; www.matildecoral.es; c. Castilla 82-84; C3 y 43), maestra indiscutible de la llamada "escuela sevillana" con estudio abierto desde 1967, y **Manuel Betanzos** (954 340 519; www.manuelbetanzos.com; c. Rodrigo de Triana 30; C3, 40 y 43), quien imparte clases en ocasiones y durante todo el año cuenta con profesores como Juan Manuel Zurano o David Pérez. **Alicia Márquez** (954 901 097; www.aliciamarquez.es; c. Cantabria 7; 3, 6, C3 y C4) es otra gran maestra, que ofrece cursos intensivos y para todos los niveles, aunque sus clases son en el barrio de San Lorenzo.

8; 11.00-01.00 lu-vi, 10.00-03.00 sa, 10.00-23.00 do; C3, 40 y 43)

Ocio

Teatro Flamenco Triana

FLAMENCO EN DIRECTO

27 PLANO P. 100, C4

Un patio con azulejos trianeros da la bienvenida a la Fundación Cristina Heeren que, además de escuela de flamenco con alumnos de más de 40 nacionalidades, alberga un teatro con capacidad para 120 espectadores. Una bombonera en la que la mecenas estadounidense programa dos espectáculos diarios en los que disfrutar de buen baile, cante y toque a cargo de artistas andaluces. (611 002 330; www.teatroflamencotriana.com; c. Pureza 76; 19.30 y 21.00 lu-do; entradas adultos/reducidas/niños de 4 a 12 años 25/20/15 €; C3, 40 y 43)

Lola de los Reyes

FLAMENCO EN DIRECTO

28 PLANO P. 100, D4

La cantaora Lola de los Reyes montó su tablao a finales de los años noventa en Triana y, aunque en el 2017 cambió de ubicación en el barrio, aún es un lugar para acercarse al flamenco en familia. No hay barreras entre escenario y público y, a veces, los aficionados se arrancan a cantar o bailar. Además, diariamente ofrece dos pases del espectáculo *Baraka*, buen ejemplo de lo que es un cuadro flamenco. (667 631 163; www.loladelosreyes.es; c. Pureza 107; 23.30-3.30 mi-sa, consumición mín. 9 € durante espectáculo; 640 751 245; 19.00 y 21.00 lu-do; 25 € con consumición; C3, 40 y 43)

Taller Andaluz de Cocina

CLASES-COMIDA

29 PLANO P. 100, B3

Divertidas clases de cocina para grupos de hasta 13 personas que comienzan con un paseo por los puestos del mercado de Triana para hacer la compra, continúan con la elaboración del menú de la mano de cocineros profesionales y terminan con el almuerzo de lo que los alumnos han cocinado. (672 162 621; www.tallerandaluzdecocina.com; mercado de Triana, puestos 75-77; pl. del Altozano s/n; 10.30-14.00 y 18.00-21.00 lu-sa; clase y comida 50-65 €; C4, C5, 3, 40, 41 y 43)

De compras

De Triana

MODA, ACCESORIOS

30 PLANO P. 100, C4

Camisetas, camisas, ropa de bebé, bolsos, bufandas, etc., cualquier soporte es válido para publicitar el barrio. En las prendas de esta original tienda con diseños propios pueden leerse divertidas frases. (954 279 624; www.detriana.com; c. Pureza 78; 10.00-14.00 y 17.00-21.00 lu-sa, 10.00-20.00 do; 10.00-14.00 y 18.00-22.00 lu-sa, 10.00-20.00 do jul-sep, cerrado 1-15 ago; C3 y 40)

Manu Jara

PASTELERÍA

31 PLANO P. 100, C4

El pastelero Manu Jara tiene fama de elaborar el mejor hojaldre de Sevilla. Son famosos sus trianitos, coronados con almendras, y las tentadoras milhojas. También tiene puesto en el mercado de Triana, donde despacha *bocasús*, otra de sus creaciones, y una escuela de pastelería. (675 873 674; www.manujara.com; c. Pureza 5; 9.30-14.30 y 16.30-21.00 lu-mi, 9.30-21.00 ju-do; C3 y 40)

Triana

CERÁMICA

32 PLANO P. 100, C4

Es la antigua tienda de la fábrica de cerámica Santa Ana, ahora convertida en museo (p. 102), en la que aún se puede ver cómo una artesana pinta a mano algunas piezas. El local está repleto de estas obras que se decoran a mano y se fabrican, casi todas, en Sevilla. Además, el cliente puede dejar volar su imaginación si quiere alguna pieza personalizada ya que realizan trabajos por encargo. (954 332 179; www.ceramicatriana.com; c. Callao 14; 9.30-20.30 lu-vi, 10.00-20.00 sa, 11.00-18.00 do y fest; C3 y 43)

Explorar

Extramuros y el parque de María Luisa

La Torre del Oro se erguía solitaria a orillas del Guadalquivir, extramuros, como también lo estuvieron el palacio de San Telmo y la Fábrica de Tabacos. Al derribar la muralla en el s. XIX, Sevilla se expandió hacia el sur, y el sueño de progreso de la Exposición de 1929 transformó el parque de María Luisa. Pero las ansias de modernidad se truncaron con la Guerra Civil.

Desde la terraza de la Torre del Oro (p. 117) se domina el río y el parque de María Luisa, además del palacio barroco de San Telmo (p. 117).

Tras recorrer la avenida de Isabel la Católica, que discurre por el frondoso parque de María Luisa (p. 114), y cruzar la de la Borbolla, se pueden reponer fuerzas en el restaurante Sobretablas (p. 120). Al volver al parque se encuentra el armonioso conjunto de la plaza de América, con los museos Arqueológico (p. 118) y de Artes y Costumbres Populares (p. 120).

El atardecer es más bello junto al río. Y, tras el paseo, el teatro Lope de Vega (p. 126) ofrece espectáculos interesantes. Maquiavelo (p. 122) es un buen lugar para acabar la jornada disfrutando de una cena al aire libre o de una copa en el local de moda.

Cómo llegar y desplazarse

Metro Centro Hay dos paradas del T1: Puerta de Jerez y Prado de San Sebastián.

M Metro La línea 1 tiene paradas en Puerta de Jerez y Prado de San Sebastián.

Autobús C1, C2, C3, C4 y C5; además de los nº 1, 3, 5, 6, 21, 25, 26, 28, 29, 30, 31, 34, 37, 38 y 41.

Plano de la zona en p. 116.

La Torre del Oro y, a la izquierda, el Teatro de La Maestranza.

Circuito a pie

Un mundo dentro del parque de María Luisa

Los sevillanos aman su parque. A las 22 Ha del jardín del palacio de San Telmo, el Ayuntamiento fue sumando terrenos colindantes y el ingeniero francés Jean-Claude Forestier les dio un toque romántico en 1911. El gran pulmón de la ciudad es hoy lugar de recreo familiar, destino favorito de deportistas y refugio para visitantes.

Datos

Inicio Plaza de España

Final Jardín de los Leones y monte Gurugú

Horario 8.00-24.00 lu-do abr-med sep, 8.00-22.00 lu-do med sep-mar

Transporte T1; M Prado de San Sebastián; C1, C2, C3, C4, C5, 1, 3, 5, 6, 21, 25, 26, 28, 29, 30, 31, 34, 37, 38 y 41

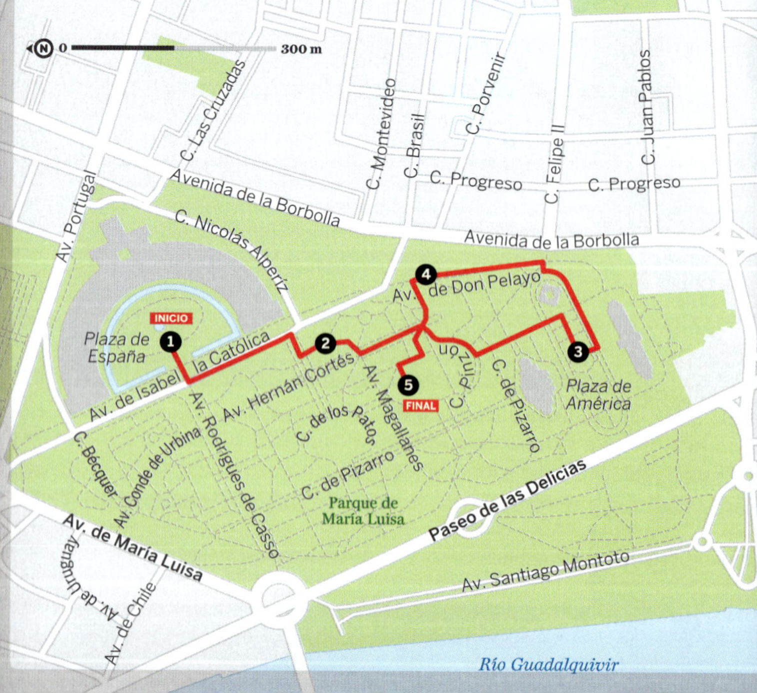

❶ Plaza de España

Esta construcción semicircular, proyectada por Aníbal González y ejecutada entre 1914 y 1928, para la Exposición Iberoamericana de 1929, es el corazón del parque. El arquitecto recreó formas del Renacimiento y el barroco en estilo historicista. Flanqueados por dos torres se encuentran los bancos dedicados a cada una de las provincias españolas, con sus principales personajes e hitos históricos. La plaza tiene un canal de 525 m que se puede surcar en **barquitas a remo** para cuatro personas (☎674 304 353; ⏲10.00-19.00 lu-do, 10.00-21.00 lu-do abr-sep; 35/70 min 6/10 €).

❷ Paseos en bicicleta

El parque de María Luisa ocupa 41 Ha, demasiado para algunos, que optan por alquilar bicicletas en **Cyclotour** (☎955 321 721; www.cyclotour.es, 30 min 2/6 personas 14/27 €; también rutas guiadas por la ciudad en bici, Segway o bici eléctrica 60 min 20/34 €; ⏲10.00-20.00 lu-do, 10.00-21.00 lu-do jun-sep). El **coche de caballos** (hasta 4 personas recorrido 45-60 min por el parque y zona de la catedral 45 €; Semana Santa 50 €, Feria de Abril 95 €; reclamaciones ☎954 505 777) es otra opción para el paseo. Hay paradas en los principales monumentos para montar en una calesa y darse un respiro.

❸ Plaza de América

Es otro ejemplo del repaso que Aníbal González dio a la historia de la arquitectura. En este armonioso conjunto conviven el Pabellón Real, que evoca el gótico flamígero; el **Museo Arqueológico** (p. 118), instalado en el pabellón plateresco; y el **Museo de Artes y Costumbres Populares** (p. 120), que ocupa el antiguo pabellón mudéjar, un edificio que podría pasar por palacio de cualquier sultán.

❹ Parada en el Kiosco Abilio

Si hay una parada obligatoria, esa es el **Kiosko Abilio** (☎686 237 501; av. Don Pelayo s/n; tapas 3,50-4,50 €; ⏲11.00-18.00 ma-do oct-ab, 11.00-22.00 ma-do may-jun, 11.00-1600 y 20.00-24.00 ma-do jul-sep). Abierto en 1929, ya son tres las generaciones de la familia al frente de este chiringuito con terraza.

❺ Jardín de los Leones y monte Gurugú

El parque está salpicado de románticas construcciones, algunas heredadas de su etapa palaciega, como el monte Gurugú, y otras ideadas por Forestier, como los jardines de los Leones y la Concha. Esta hermosa masa verde soñó en convertirse en biblioteca al aire libre con espacios dedicados a Dante, Cervantes, los hermanos Machado, los Álvarez Quintero y a Gustavo Adolfo Bécquer. La idea era que los visitantes leyesen las obras de cada autor en sus glorietas y las devolviesen, pero Sevilla aún no estaba preparada para el *bookcrossing*.

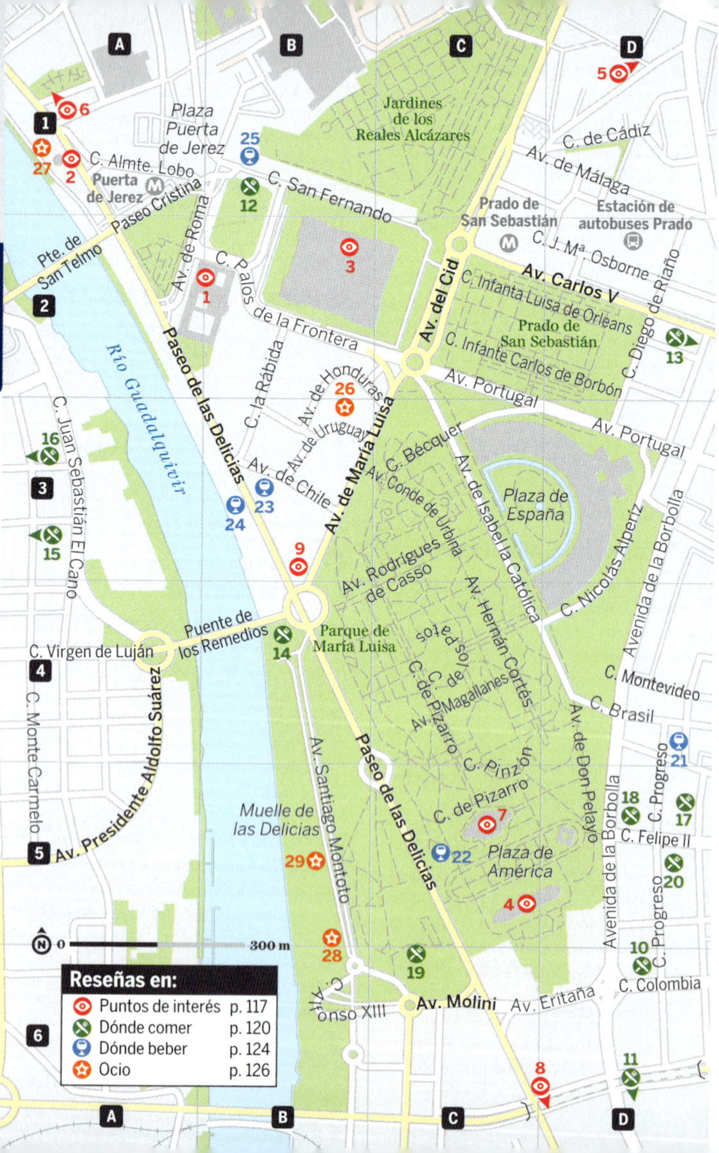

A
B
C
D
1
2
3
4
5
6
Plaza Puerta de Jerez
Puerta de Jerez
C. Almte. Lobo
Paseo Cristina
Pte. de San Telmo
Av. de Roma
C. San Fernando
C. Palos de la Frontera
Jardines de los Reales Alcázares
C. de Cádiz
Av. de Málaga
Prado de San Sebastián
Estación de autobuses Prado
C. J. Mª. Osborne
Av. Carlos V
Av. del Cid
C. Infanta Luisa de Orleans
Prado de San Sebastián
C. Infante Carlos de Borbón
C. Diego de Riaño
Av. Portugal
Av. Portugal
Río Guadalquivir
Paseo de las Delicias
C. la Rábida
Av. de Honduras
Av. de Uruguay
Av. de María Luisa
Av. de Chile
C. Bécquer
Av. Conde de Urbina
Av. de Isabella Católica
Plaza de España
C. Nicolás Alperiz
Avenida de la Borbolla
C. Juan Sebastián El Cano
Av. Rodrígues de Casso
Av. Hernán Cortés
Puente de los Remedios
Parque de María Luisa
C. de los Pizarro
Av. Magallanes
C. Virgen de Luján
C. Monte Carmelo
Av. Presidente Adolfo Suárez
C. Montevideo
C. Brasil
Av. de Don Pelayo
C. Pinzón
C. de Pizarro
Av. Santiago Montoto
Muelle de las Delicias
Paseo de las Delicias
Plaza de América
C. Progreso
C. Felipe II
Avenida de la Borbolla
C. Progreso
C. Colombia
C. Alfonso XIII
Av. Molini
Av. Eritaña
0
300 m
1
2
3
4
5
6
7
8
9
10
11
12
13
14
15
16
17
18
19
20
21
22
23
24
25
26
27
28
29
Reseñas en:
Puntos de interés p. 117
Dónde comer p. 120
Dónde beber p. 124
Ocio p. 126

Puntos de interés

Palacio de San Telmo
SEDE INSTITUCIONAL

1 PLANO P. 116, A2

Este edificio barroco que lleva la firma de tres generaciones de la familia Figueroa, entre otros, y ha sido rehabilitado por Guillermo Vázquez Consuegra, puede conocerse con una visita guiada de 90 min. Construido como Universidad de Mareantes en 1682, albergó a la llamada "corte chica" cuando se instalaron en él los Montpensier en el s. XIX, un seminario teológico después y, desde 1991, es la sede del Gobierno de Andalucía. En el recorrido se incluyen la capilla, el salón de los espejos, los jardines y hasta el despacho del presidente de la Junta. Se recomienda registrarse para la visita con dos semanas de antelación. (955 001 010; www.juntadeandalucia.es/presidencia/santelmoabierto/; c. Palos de la Frontera s/n; entrada gratis; 16.00 y 18.00 ju, 11.00, 13.00, 16.00 y 18.00 sa, fest y jul y ago cerrado; T1 C3, C4, C5, 3, 6, 40 y 41 M Puerta de Jerez)

Torre del Oro
MUSEO

2 PLANO P. 116, A1

De planta dodecagonal, esta torre fue construida por los almohades en 1221 como parte de las defensas de la ciudad y de ella salía una cadena hacia la otra orilla del río, para proteger el puerto de Sevilla. Pero la flota castellana rompió sus defensas en 1248 y Fernando III tomó la ciudad. Pedro I mandó que le añadieran un segundo cuerpo

Exterior del palacio de San Telmo.

en el s. XIV, según algunos historiadores para mantener allí sus amoríos, y en 1760 se construyó el tercer remate.

Esta torre albarrana –fuera de la muralla– es la sede del Museo Naval de Sevilla desde 1944. Su terraza ofrece una estupenda panorámica. (954 222 419; www.fundacionmuseonaval.com; paseo Colón s/n; entrada donación voluntaria; 9.30-18.45 lu-vi, 10.30-18.45 sa y do; T1 C3, C4, C5, 3, 6, 40 y 41 M Puerta de Jerez)

Real Fábrica de Tabacos

UNIVERSIDAD

3 PLANO P. 116, B2

Construida entre 1728 y 1771 sobre una necrópolis romana, la Real Fábrica de Tabacos fue la primera de las industrias tabaqueras de Europa. De estilo renacentista herreriano y con una sobresaliente fachada barroca, es el segundo edificio de mayor planta de España, después de El Escorial (Madrid). El proyecto de Sebastián van der Borcht, entre otros arquitectos, es un rectángulo de 185 x 147 m rodeado por un foso que impedía que los trabajadores robaran tabaco. La fábrica es uno de los escenarios en los que transcurre *Carmen*, el drama de Mérimée que Bizet convirtió en una de las óperas más famosas de la historia.

Desde 1956, es la sede del rectorado de la Universidad de Sevilla y de varias facultades de la misma. Además, hay visitas guiadas que incluyen la iglesia de la Anunciación y el Pabellón de los Sevillanos Ilustres. (954 551 048; https://cicus.us.es/visitas-guiadas; c. San Fernando 4; gratis previa reserva en la web; 11.00, 12.30, 17.00 y 18.30 ma y ju; ago cerrado; T1 C1, C2, C3, C4, C5, 1, 5, 6, 40 y 41 M Puerta de Jerez)

Museo Arqueológico

MUSEO

4 PLANO P. 116, C5

El que fuera pabellón de las Bellas Artes en 1929, un edificio neorrenacentista de Aníbal González, alberga desde 1941 los tesoros arqueológicos de Sevilla ciudad y provincia, como el de El Carambolo, constituido por 21 piezas de oro fenicias de los ss. VII y VI a.C., que pesan casi 3 kg, aunque el expuesto es una copia, además de esculturas de la vecina ciudad romana de Itálica, como una Diana del s. II d.C. o Trajano en plan héroe, de la misma época. El museo, que alberga 700 000 piezas, está cerrado desde enero del 2020, en espera de que comience una gran rehabilitación proyectada por el arquitecto Guillermo Vázquez Consuegra. (955 120 632; pl. América s/n; www.museosdeandalucia.es; pendiente de reapertura; 1, 6, 30, 31, 33, 34 y 37 M Prado de San Sebastián)

Real Fábrica de Artillería

CENTRO CULTURAL, CREACIÓN ARTÍSTICA

5 PLANO P. 116, D1

Este gran complejo fabril edificado en el s. XVIII sobre una antigua fundición del s. XVI ocupa 22 000 m² en el céntrico barrio de San Bernardo. La Real Fábrica de Artillería, de la que salieron los cañones para la flota española y hasta los leones del Congreso de los Diputados, va camino de convertirse en un gran centro cultural que albergará espacios para la creación, estará abierto al público y ofrecerá visitas para conocer sus imponentes instalaciones.

La fábrica, que funcionó hasta 1991, es ahora propiedad del Ayuntamiento y está aún en obras. El nuevo centro cultural ocupará 9000 m² y está previsto que abra a finales del 2023. (www.icas.sevilla.org; av. Eduardo Dato 58; pendiente de apertura; C1, C2, 5, 22, 28, 29, 32 y 52)

Exploraterra

CENTRO DE INTERPRETACIÓN, RÉPLICA HISTÓRICA

6 PLANO P. 116, A1

La Fundación Nao Victoria ha abierto un nuevo espacio, con 1850 m², junto a la Torre del Oro. El centro cultural Exploraterra, abierto en marzo del 2023, ilustra con todo detalle la primera circunnavegación de la tierra de Magallanes y Elcano (1519-1522), pero también rinde homenaje al espíritu explorador de todos los tiempos, como los grandes descubrimientos del s. XVI o la llegada del hombre a la Luna. La visita continúa en la Nao Victoria 500, atracada en el Guadalquivir. (954 470 891; www.espacioexploraterra.org; muelle del Marqués de Contadero edificio A; general/reducida y niños de 4 a 14

Museo de Artes y Costumbres Populares.

años/menores de 4 años 10/5 €/gratis; 10.00-14.00 y 16.00-20.00 ma-do, 10.00-14.00 y 18.00-22.00 ma-do jul y ago; T1 C3, C4, C5, 3, 6, 40 y 41 M Puerta de Jerez)

Museo de Artes y Costumbres Populares MUSEO

7 PLANO P. 116, C5

Enfrente del Museo Arqueológico se alza este edificio neomudéjar, también de Aníbal González, que recuerda a un palacio de *Las mil y una noches*. Ofrece un recorrido por cinco siglos a través de las artes decorativas, cerámica, tejidos, forja, artes gráficas y mucho más, incluido un inmenso espacio que reproduce talleres de artesanos como los toneleros, los orfebres o los guitarreros. (955 035 325; pl. de América 3; www.museosdeandalucia.es; ciudadanos UE/otros países gratis/1,50 €; 9.00-21.00 ma-sa, 9.00-15.00 do y fest, 9.00-15.00 ma-do med jun-med sep; 1, 6, 30, 31, 37 y 38 M Prado de San Sebastián)

Centro Fundación Unicaja Sevilla CENTRO EXPOSITIVO

8 PLANO P. 116, C6

Un elegante palacete de corte modernista de principios del s. XX acoge el primer centro de la Fundación Unicaja en Sevilla. Abierto en el 2019, el lugar programa exposiciones temporales, conciertos y conferencias. Solo abre cuando hay actividades. Lo único permanente es la sala dedicada al legado de los hermanos Manuel y Antonio Machado, con documentos, fotografías y manuscritos de ambos poetas. (954 972 775; av. de la Palmera 45; www.fundacionunicaja.com; gratis; 1, 2, 6 y 37)

Fundación Valentín de Madariaga CENTRO EXPOSITIVO

9 PLANO P. 116, B3

Arte contemporáneo en el antiguo pabellón de EE UU en la Exposición Iberoamericana de 1929, un contenedor muy especial. La Fundación Valentín de Madariaga no solo expone, sino que se esfuerza en que el público se acerque al arte de su tiempo con visitas guiadas, cursos y conferencias. Además de las muestras temporales, posee una colección permanente con obras de artistas internacionales, como Andy Warhol, junto a firmas nacionales de la talla de Cristina Iglesias, Gonzalo Puch o Federico Guzmán. (954 366 072; www.fundacionvmo.com; av. María Luisa s/n; entrada gratis; 10.00-14.00 y 17.00-20.00 lu-vi, 10.00-14.00 sa, 10.00.14.00 lu-sa jul y ago; T1 C1, C2, C3, C4, C5, 3, 5, 6, 34, 40 y 41)

Dónde comer

Sobretablas GASTRONÓMICO €€€

10 PLANO P. 116, D6

La chef Camila Ferraro (ganadora del premio Cocinero Revelación en Madrid Fusión del 2020) y el sumiller Robert Tetas, que coincidieron en el equipo del famoso restaurante El Celler de Can Roca, decidieron abrir su propio espacio gastronómico en la otra punta del país, en una bonita casa de la Exposición de 1929. Inaugurado en el 2018, el restaurante se ha convertido en un lugar de referencia *gourmet*, con propuestas tan atrevidas como los langostinos con chicharrones o el cochinillo ibérico con velo de leche y *chutney* de pera. La carta presta especial atención a los vinos del Marco de Jerez. Imprescindible reservar. (955 546 451; www.sobretablasrestaurante.com; c. Colombia 7; principales 24-29 €; almuerzo y cena ma-sa, cerrado ago; 1, 30, 31 y 37)

Salvador Rojo

GASTRONÓMICO, TAPAS **€€€**

11 PLANO P. 116, D6

Tras conquistar a una buena clientela en la calle de San Fernando, en el 2010 Salvador Rojo se mudó a un edificio moderno, con un diseño basado en la línea y un techo con vocación escultural, al que sumó un espacio de tapeo, el Bar33, encima del comedor, base de su personal cocina de temporada. (954 229 725; www.salvadorrojo.com; av. Manuel Siurot 33; tapas 3,50-23 €, principales 15-26 €; almuerzo y cena lu-sa, ago cerrado; 1, 3, 6 y 37)

Alfonso XIII

GOURMET **€€€**

12 PLANO P. 116, B1

Proyectado por José Espiau y Muñoz para la gran cita de 1929, este ha sido siempre el gran hotel de Sevilla. De empaque neomudéjar y con toques de arquitectura regionalista, por sus salones han pasado muchos ilustres visitantes. El lugar, completamente remodelado en el

Fuente de las Ranas, parque de María Luisa (p. 117).

2011, ha estado siempre abierto a la ciudad. Actualmente cuenta con la confortable terraza **Ena** (12.30-01.00 lu-do mar-oct, 12.30-20.00 lu-do nov-feb), y en el restaurante San Fernando, emplazado en la soleada galería, el chef Felipe Arango ofrece cocina internacional. (954 917 000; www.hotel-alfonsoxiii-sevilla.com; c. San Fernando 2; principales 27-32 € desayuno, almuerzo y cena lu-do; T1 C1, C2, C3, C4, C5, 1, 5, 6, 40 y 41 M Puerta de Jerez)

Tradevo Nervión

GASTROBAR **€€**

13 PLANO P. 116, D2

Desde que en el 2010 abrió su primer local en un rincón escondido del barrio de Nervión, el cocinero Gonzalo Jurado se ha hecho con una fiel clientela que aprecia su buena materia prima que llega directa de las lonjas de Isla Cristina, Barbate y Conil. Este primer restaurante, que cambió su ubicación en el 2021, cuenta ahora con una cocina mucho más grande y una terraza para seguir sirviendo pescados y mariscos acompañados de productos ecológicos de proximidad. (954 324 589; www.tradevo.es; av. Diego Martínez Barrio 10; principales 6-18 €; almuerzo y cena ma-sa, almuerzo do, cerrado do jul y ago; C1, C2, 22, 25, 26, 28, 29 y 38)

Maquiavelo

MEDITERRÁNEA, SUSHI, NIKKEI, COPAS **€€€**

14 PLANO P. 116, B4

Abierto en el 2021, combina en unos 1000 m² cinco espacios y seis barras, para alargar la noche, todo rodeado de plantas y en torno a un estanque sobre el que reina un piano de cola. En esta suerte de oasis a la orilla del río consagrado al divertimento siempre hay alguna sorpresa: un *ballet* que ameniza las cenas con distintos pases, cantantes y noches temáticas. Con mesas al aire libre y otras bajo carpa o en un gran salón, este restaurante-club está especializado en cocina a la brasa e incluye también platos *nikkei*, una mezcla de la cocina peruana y japonesa. (955 283 933; www.maquiavelosevilla.com; paseo de las Delicias s/n, esq. puente de Los Remedios; principales 14-65 €; almuerzo y cena ma-do jun-sep; cena ju, almuerzo y cena vi y sa, almuerzo do mar-may y oct-dic, cerrado ene y feb; T1 C1, C2, C3, C4, C5, 3, 5, 6, 34, 40 y 41)

Ivantxu

GASTRONÓMICO **€€€**

15 PLANO P. 116, A3

Cochinillo de Segovia, chuleta de ternera rubia gallega o cogote de merluza son algunos de los contundentes platos que sirve el chef Iván Valero en su restaurante que ha bautizado como "espacio bistronómico" (un concepto resultado de unir bistró y gastronómico). Abierto en el barrio de Los Remedios en el 2015, este restaurante basado en productos españoles de calidad tiene muchos adeptos. Imprescindible reservar. (955 544 882; www.ivantxu.es; c. Virgen de la Victoria 5; principales desde 15,50 €/ carnes y pescado al peso; almuerzo y cena ma-sa, almuerzo do, cerrado ago; C1, C2, 5, 6, 40 y 41)

La herencia de la Exposición de 1929

La Exposición Iberoamericana de 1929 se planteó como el primer paso hacia la modernización del país. Prevista primero para 1911, pospuesta a 1914 y retrasada hasta 1929 por la I Guerra Mundial, su celebración coincidió con el final de la dictadura de Primo de Rivera. El gran artífice de la muestra, el arquitecto sevillano Aníbal González –autor de los mejores proyectos de la cita–, dimitió antes del comienzo de la celebración por desavenencias con el régimen y le sustituyó Vicente Traver. Aunque los hitos del certamen fueron las plazas de España y de América, ambas obras de González, a lo largo del paseo de las Delicias y la avenida de la Palmera aún se conservan algunos de los pabellones levantados para la Exposición de 1929. Destacan los de Brasil, proyectado por Pedro Paulo Basto; México, de Manuel Amabilis; Colombia, de José Granados; Marruecos, de Gutiérrez Lescura; y Argentina, de Martín S. Noel. En los alrededores del palacio de San Telmo pueden verse los de Perú, de Johnson; Uruguay, de Cravotto; y Chile, de Martínez Gutiérrez. Actualmente casi todos estos edificios tienen usos públicos.

Casa Rafel

MEDITERRÁNEA, FUSIÓN €€

16 PLANO P. 116, A3

El chef sevillano Eugenio Rafel es perfeccionista y eso se nota en sus suculentos guisos como los callos con morros o el estofado de *venao*, platos que acompaña con un pan que también amasa él mismo. En este pequeño local con algunos toques de cocina asiática se presta siempre atención a los detalles. Mejor reservar. (☎ 955 193 809; c. Virgen del Valle 10; principales 12,80-23,50 €; ⏰ almuerzo y cena lu-sa, almuerzo do, cerrado ago; 🚌 C1, C2, 5, 6, 40 y 41)

Estraperlo

TIENDA Y RESTAURANTE ECOLÓGICOS €

17 PLANO P. 116, D5

Tras las estanterías de esta tienda de productos ecológicos, tanto de frutas y verduras de la zona como de alimentos envasados, se esconde un secreto: la cocina de Ana Sánchez y de su hijo, el chef Pablo Rodríguez. En sus mesas, en un espacio amplio y luminoso, ofrecen a diario imaginativos y suculentos platos elaborados con productos de temporada y km 0, también para llevar. Otra grata sorpresa son los talleres de cocina internacional que imparten en el **Mercado del Porvenir** (☎ 615 061 718; c. San Salvador 18; precio 50 €) para aprender a preparar recetas indias, mexicanas, japonesas, etc.

(954 963 538; www.estraperlosevilla.com; c. Santa Rosa 4; principales 7-16 €; almuerzo y cena mi-sa, almuerzo ma y do; 1, 30, 31 y 37)

Casa Ozama MEDITERRÁNEA Y COPAS €€€

18 PLANO P. 116, D5

Tras una completa restauración, la arquitectura modernista de la casa Ozama vuelve a brillar como en 1912 y pone a disposición del público 500 m² en cuatro plantas para perderse en sus comedores, salones y bares, además de un frondoso jardín. El complejo lo abarca todo, desde los aperitivos de la mañana hasta las copas de la madrugada, con una especial atención a su bien atendido restaurante centrado en la cocina mediterránea. La decoración, abigarrada y sorprendente, crea un ambiente cosmopolita en este concurrido local que abrió en marzo del 2021. (955 517 405; www.casaozama.es; av. de la Borbolla 59; principales 14-32 €; almuerzo y cena lu-do; copas 17.30-02.30 do-mi, 17.30-03.30 ju-sa; 1, 30, 31 y 37)

La Casa del Estanque MEDITERRÁNEA Y COPAS €€

19 PLANO P. 116, C6

Ubicada en uno de los primeros jardines públicos de Sevilla, proyectado por Pablo de Olavide en el s. XVIII, la antigua casa del guarda de los jardines de las Delicias se convirtió en restaurante y terraza de copas en el 2014. El local ofrece una carta mediterránea con toques internacionales en un comedor al aire libre bajo árboles centenarios. El arrullo de la fuente y el estanque, que dan la bienvenida al conjunto, aportan frescor en las noches estivales. (602 464 049; www.lacasadelestanque.com; paseo Delicias s/n; principales 9-23 €; cena y copas 21.00-5.00 ma-sa may-sep, cerrado oct-abr; 1, 6, 30, 31, 37 y 38 M Prado de San Sebastián)

Ignacio Vidal MEDITERRÁNEA €€

20 PLANO P. 116, D5

Una carta amplia, tanto de tapas como de raciones, en un local moderno y con terraza, que cuida con esmero su bodega. Destacan su *carpaccio* de gambas con virutas de fuagrás y, sobre todo, sus frituras de pescado. (954 616 496; c. Progreso 27; tapas 3-7 €, principales 9-22 €; almuerzo y cena lu-sa, almuerzo do; 1, 30, 31 y 37)

Dónde beber

Casa Palacios BAR

21 PLANO P. 116, D4

Con la misma barra de caoba y mármol, desgastada por el uso desde su inauguración en 1926, este bar con solera se nutre de la tienda de ultramarinos con la que está comunicado. Buenos vinos para acompañar sus chacinas y conservas. (954 231 132; c. Progreso 7; 9.00-16.00 y 20.00-22.30 lu-ju, 9.00-22.30 vi, cerrado 1-15 ago; 1, 30, 31 y 37)

Paseo acuático por el río Guadalquivir.

Bilindo
BAR Y COPAS

22 PLANO P. 116, C5

Situado en una de las entradas al parque de María Luisa, junto a la espectacular plaza de América, es un local polivalente que, en las noches de verano, permite bailar al aire libre, en plena vegetación. (670 555 338; av. de las Delicias s/n; 10.00-24.00 lu-do abr-med sep, 8.00-22.00 lu-do med sep-mar; copas 23.00-4.00 jun-sep; 1, 6, 30, 31, 37 y 38 M Prado de San Sebastián)

Bar Chile
COPAS

23 PLANO P. 116, B3

Otra de las construcciones de la Exposición Iberoamericana convertida en un café de día y en un animado local de copas (DJ incl.) de noche. Frente al río y con una terraza a cubierto, el Chile presume de su centenar de marcas de rones y la mitad de ginebras. (602 464 049; www.barchile.es; paseo Delicias s/n; 16.00-4.00 lu-do; C1, C2, C3, C4, C5, 3, 5, 6, 34, 40 y 41)

Kiosco New York
BAR Y COPAS

24 PLANO P. 116, B3

A lo largo del muelle de Nueva York, desde donde zarpaban las líneas marítimas hacia EE UU en la primera mitad del siglo pasado, se extiende una larga pérgola vegetal que da cobijo a dos kioscos con sitio al aire libre y abiertos todo el año. Con mobiliario de madera y a orillas del Guadalquivir, tanto el New York como su vecino el **Manhattan** atraen a un público en su mayoría joven. (673 061 551; www.

muellenewyork.com; muelle de New York s/n; 11.00-3.00 lu-do abr-oct, 11.00-22.00 lu-do nov-mar; C1, C2, C3, C4, C5, 3, 5, 6, 34, 40 y 41)

Hard Rock Cafe

CAFÉ-BAR

25 PLANO P. 116, B1

Una antigua casa del s. XVIII acoge el segundo Hard Rock Cafe de Andalucía. La cadena, la mayor coleccionista del mundo de recuerdos musicales, ha seleccionado para Sevilla objetos de artistas internacionales, como una chaquetilla de Michael Jackson, una guitarra de Paul Stanley –vocalista de Kiss– o una batería que tocó Matt Sorum con Guns N' Roses. Pero también pueden verse piezas de estrellas españolas, como la guitarra Fender del sevillano Raimundo Amador. El local, de unos 2700 m^2, incluye un auditorio con 200 localidades y cuenta con tienda, bar y restaurante. (954 220 126; ww.hardrock.com/cafes/seville; c. San Fernando 3; tienda 10.00-23.30 do-ju, 10.00-24.00 vi y sa; restaurante y bar 10.00-24.00 do-ju, 11.30-01.00 vi y sa; T1 C1, C2, C3, C4, C5, 1, 5, 6, 40 y 41 M Puerta de Jerez)

Ocio

Teatro Lope de Vega

TEATRO FLAMENCO

26 PLANO P. 116, B3

Obra de Vicente Traver para la Exposición de 1929, este teatro fue el pabellón de Sevilla junto con el Casino, actualmente una sala de exposiciones. El Lope de Vega, que acogió los espectáculos de la muestra iberoamericana, funciona como teatro municipal desde 1988. Por su escenario han pasado las mejores compañías nacionales, y algunas internacionales de música y danza, ópera, teatro o flamenco. (955 472 828; www.teatrolopedevega.org; av. María Luisa s/n; entrada variable; 20.00 lu-sa, 19.00 do; T1 C1, C2, C3, C4, C5, 3, 5, 6, 34, 40 y 41)

Cruceros Torre del Oro

PASEOS EN BARCO

27 PLANO P. 116, A1

Un paseo de 1 h a bordo de uno de los barcos de Cruceros Torre del Oro, con capacidad para hasta 450 personas, permite disfrutar de otra perspectiva de la ciudad. Zarpan del embarcadero de la Torre del Oro y navegan hasta la altura del parque de María Luisa, donde dan la vuelta rumbo a la Barqueta, giran por el ojo del puente y atracan en el lugar de partida. En verano hay más opciones, como rutas nocturnas o paseos hasta Sanlúcar de Barrameda (may-sep), desde donde salió Magallanes hace 500 años. (954 561 692; www.crucerosensevilla.com; muelle del Marqués de Contadero s/n; general/residentes/niños 6-12 años/menores de 6 años, 20/10/2 €/gratis; 11.00-19.00 lu-do, 11.00-22.00 lu-do ab-sep; T1 C3, C4, C5, 3, 6, 40 y 41 M Puerta de Jerez)

Acuario de Sevilla ACUARIO

28 PLANO P. 116, B5

El primer acuario de la ciudad, inaugurado en el 2014, evoca la peripecia de Fernando Magallanes para mostrar, en un recorrido contextualizado, 7000 ejemplares de más de 400 especies, principalmente peces, claro. Las visitas teatralizadas tienen como guía al mismísimo marino que logró completar la primera circunnavegación a la Tierra en 1522, aventura que comenzó y terminó en el puerto de Sevilla. En sus tanques pueden verse tiburones toro, peces escorpión, medusas, anacondas o barracudas, además de la mascota del lugar, *Chelo,* la tortuga careta. (955 441 541; www.acuariosevilla.es; muelle de las Delicias s/n, área sur; general/niños 4-14 años/menores de 4 años, 18/13 €/gratis; 10.00-18.00 lu-vi, 10.00-19.00 sa y do sep-jun; 10.00-19.00 lu-vi, 10.00-20.00 sa y do jul y ago; 3, 6 y 34)

Iguana Terraza COPAS

29 PLANO P. 116, B5

Esta gran terraza a orillas del Guadalquivir es una de las más concurridas por los jóvenes de la ciudad, con su mezcla de copas, algo para comer, cachimbas y, los sábados por la tarde, conciertos de flamenquitos. Todo, o casi todo, al aire libre, porque cuando refresca las estufas permiten seguir fuera. (955 959 601; muelle de las Delicias s/n, área sur; 12.00-22.00 lu-ju, 12.00-03.00 vi-do oct-ab; 12.00-04.00 lu-do may-sep; 3, 6 y 34)

Acuario de Sevilla.

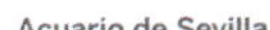

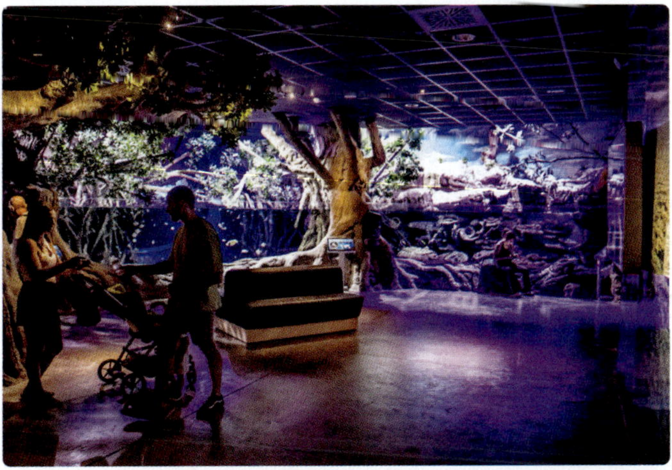

JOSE HERNANDEZ CAMERA 51/SHUTTERSTOCK©

Circuito a pie

Arquitectura regionalista sevillana

Decir arquitectura regionalista sevillana es decir Aníbal González (Sevilla, 1876-1929), quien, aunque ejerció solo durante 27 años, dotó a la ciudad de una identidad propia por la que aún hoy es reconocible. En 1910 González fue nombrado arquitecto director de la Exposición Iberoamericana de 1929, pero dimitió en 1927 por desavenencias con José Cruz Conde, designado comisario de la muestra en 1926. Falleció pocos días después de la inauguración del gran proyecto de su vida. El catedrático de Historia de la Arquitectura, Víctor Pérez Escolano, ha seleccionado sus obras más significativas para este itinerario.

Datos

Inicio Calle Trajano 35; 🚌 C5, 13, 14, 27 y 32

Final Avenida de la Palmera 48; 🚌 1, 3, 6 y 37

Distancia 6,5 km; 5-6 h

Plaza de España, en el parque de María Luisa.

MARQUES/SHUTTERSTOCK©

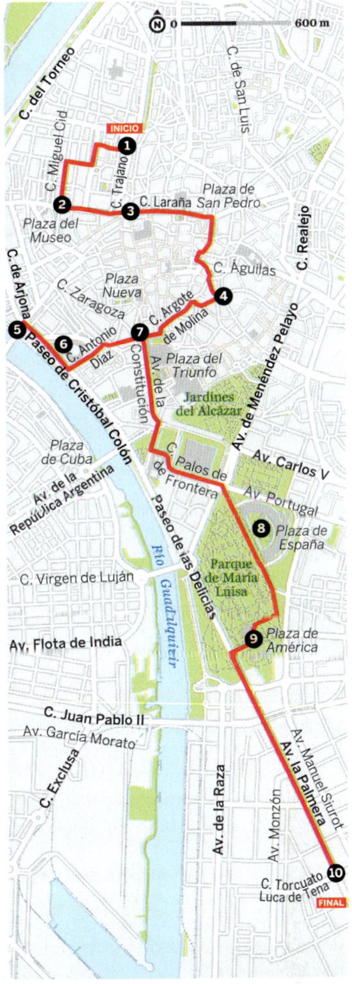

❶ Edificio y capilla de la Compañía de Jesús

En su empeño por recuperar los grandes estilos del pasado, el arquitecto proyectó este conjunto (1917-1920), ubicado en la calle Trajano (nº 35). Destaca su elaborada talla de ladrillo de inspiración gótica, especialmente en la portada.

❷ Casas en la calle Alfonso XII

El *art nouveau* fue una de sus primeras influencias, pero también la secesión vienesa y el modernismo catalán, y de todas estas corrientes inspiradas en la naturaleza nacieron los detalles ornamentales en piedra artificial y hierro (dragones, flores, estrellas, etc.) que todavía exhiben las fachadas de dos casas de la calle Alfonso XII (nº 27 y 29) y una de la calle Almirante Ulloa (nº 4).

❸ Edificio en la calle Martín Villa

Desde el comienzo de su carrera –se licenció en la Escuela de Arquitectos de Madrid en 1902–, Aníbal González acometió también proyectos urbanísticos que mejoraron el trazado de la ciudad. Tras su intervención en el ensanche de la Campana, construyó un **edificio neomudéjar** para viviendas y comercio en la calle Martín Villa, esquina con Santa María de Gracia (1907-1908).

❹ Casa de los condes de Ybarra

Uno de sus proyectos decorativos más ambiciosos fue la transformación de la **casa de los condes de Ybarra,** sita en la calle San José esquina Conde de Ibarra, en un sueño neomudéjar. Los mejores yeseros, herreros y ceramistas trabajaron en esta empresa (1921-1924).

❺ Capilla del Carmen

Pequeño gran ejemplo de arquitectura regionalista, la **capilla de la Virgen del Carmen** (1924-1928), que se alza en la plaza del Altozano, en una de las esquinas del puente de Triana, consta de dos cuerpos, cúpula y torre, que aluden a la Giralda y la Torre del Oro, realizados en ladrillo y cerámica trianera.

Capilla del Carmen.

❻ Casa de la Real Maestranza de Caballería

Después de la reforma de la **plaza de toros de la Real Maestranza** (p. 70), en la que incorporó la grada superior y el palco real (1914-1915), el arquitecto levantó de cero la **casa de la Real Maestranza de Caballería** (paseo Colón 12), un proyecto neobarroco (1925-1929) que combina el blanco de los paramentos con la piedra.

❼ Casas en la avenida de la Constitución

El arquitecto intervino en la modificación urbanística de la actual avenida de la Constitución y proyectó nuevos edificios entre 1913 y 1921, como los que ocupan los nº 6 y 10, además de los nº 12 y 14, la casa de los Marqueses de Villamarta.

❽ Plaza de España

La proyectó para la Exposición de 1929 como un espacio urbano para grandes concentraciones, una suerte de teatro griego orientado hacia el parque de María Luisa. La **plaza de España** (p. 155), una construcción semicircular que sintetiza lo mejor del Renacimiento y del barroco, es la obra cumbre de Aníbal González. El prolífico arquitecto está inmortalizado en un bronce que mira de frente su hazaña.

9 Plaza de América

Es el primer conjunto que se construyó para la Exposición Iberoamericana, entre 1911 y 1919. En ella se levantó el Pabellón Real, un edificio neogótico en ladrillo visto que preside la plaza; el actual **Museo Arqueológico** (p. 118), en el que se rinde homenaje al Renacimiento; y el **Museo de Artes y Costumbres Populares** (p. 120), su mejor interpretación del mudéjar.

10 Casa Luca de Tena

Torcuato Luca de Tena, primo y protector de Aníbal González, le encargó su mansión (1923-1926) en la avenida de la Palmera (nº 48), sin ponerle límites estilísticos ni monetarios. El resultado es una de sus obras más emblemáticas, basada en la estructura de la plaza de España e inspirada en el Renacimiento.

Exterior de la plaza de la Real Maestranza.

GONZALO AZUMENDI©

La Cartuja

Aunque otras culturas han dejado su huella, el s. XX parece haber borrado lo anterior y hoy decir isla de La Cartuja es sinónimo de Exposición Universal de 1992. Fue esta cita la que rehabilitó el monasterio de Santa María de las Cuevas, urbanizó las 215 Ha de la isla y ha convertido el lugar en un refugio cultural, empresarial y de esparcimiento.

Cruzar la pasarela de La Cartuja permite admirar el perfil de Santa María de las Cuevas (p. 134). A la derecha, se encuentra el Jardín Americano (p. 140), con su pasarela de madera que sobrevuela el río. Antes de visitar el conjunto monumental, que alberga el Centro Andaluz de Arte Contemporáneo, conviene desayunar en su cafetería.

Para los aficionados a la arquitectura, es una delicia admirar la herencia de la Expo 92, como el pabellón de la Navegación (p. 139), o visitar las exposiciones del CaixaForum (p. 139). Tras almorzar en el Sabina (p. 141), se puede conocer la Fundación Tres Culturas (p. 139).

Los más jóvenes no dejarán pasar la oportunidad de disfrutar en Isla Mágica (p. 144), también se puede ir al Teatro Central (p. 143), con sus espectáculos vanguardistas, o cenar en la planta 34 de Torre Sevilla, en el restaurante El Duende (p. 140), con las mejores vistas de la ciudad.

Cómo llegar y desplazarse

Autobús Las líneas C1 y C2 recorren la isla de La Cartuja.

Plano de la zona en p. 138.

Puente de la Barqueta. DAVID RIDLEY/SHUTTERSTOCK ©

Las mejores experiencias

Monasterio de la Cartuja

PLANO P. 138, A4

El monasterio de Santa María de las Cuevas, más conocido como La Cartuja, da nombre a toda la isla. Sobre esta tierra arcillosa se han asentado monjes, guerreros y hasta una de las primeras fábricas de la ciudad. En 1982, el maltrecho monumento pasó a manos de la Junta de Andalucía, que ejecutó una rehabilitación integral del conjunto. Durante la Expo 92 fue sede del Pabellón Real y desde 1997 acoge, entre otras instituciones, el Centro Andaluz de Arte Contemporáneo (CAAC).

www.caac.es

av. Américo Vespucio 2

entrada completa al monumento y exposiciones temporales 3,01 €, parcial 1,80 €; gratis 19.00-21.00 ma-vi y 11.00-21.00 sa

11.00-21.00 ma-sa, 10.00-15.30 do y fest

C1, C2 y 5

Huellas de sus orígenes

La rehabilitación, dirigida entre 1987 y 1992 por varios arquitectos sevillanos, entre ellos José Ramón Sierra, Guillermo Vázquez Consuegra y Francisco Torres, dejó al descubierto unos hornos alfareros del s. XII y la capilla de la Magdalena, mandada construir en 1400, cuando la primitiva ermita franciscana del s. XIII se transformó en monasterio. Los cartujos se establecieron en el lugar a finales del s. XV y comenzaron a levantar la iglesia gótica, espacio que también se conserva, en la actualidad, como una de sus principales salas expositivas.

Rastro de Cristóbal Colón

El almirante, que recibió apoyo de los cartujos para emprender su segundo viaje a América, siempre se hospedaba en el monasterio cuando visitaba la ciudad. Aunque falleció en Valladolid en 1506, pasados tres años, y en cumplimiento de su deseo, sus restos fueron trasladados a la capilla de Santa Ana de la iglesia gótica, donde permanecieron hasta 1537. Tras pasar por Santo Domingo y Cuba, los huesos de Colón –o parte de ellos– volvieron a Sevilla, a la catedral, en 1898. Según varios investigadores, algunos de sus restos siguen en Santo Domingo. También se dice que su hijo Hernando plantó el ombú que aún verdea en La Cartuja.

De monasterio a cuartel

Azotado por las continuas inundaciones del río, en el s. XVIII los monjes se plantearon amurallar el recinto y colocar la puerta principal de espaldas al Guadalquivir. Las obras, realizadas por Ambrosio de Figueroa, incluyeron también la construcción de la capilla de Afuera, para los legos, con un magnífico altar. Pero la tranquilidad duró poco y, en 1810, las tropas de Napoleón convirtieron el monasterio en cuartel durante dos años. La desamortización de Mendizábal acabó definitivamente con la etapa religiosa de La Cartuja en 1836.

★ Consejos

- Pasear por el huerto y disfrutar de la tranquilidad que tanto veneraban los cartujos.
- El conjunto acoge citas musicales, como el gran festival anual *indie* Interestelar (www.interestelarsevilla.com; en may) o los ciclos de conciertos veraniegos Pop CAAC, además de espectáculos de danza, conferencias y *performances*. Consúltese la programación en su web. Algunos fines de semana hay conciertos gratis en la cafetería.
- La visita es gratis las 2 h últimas del día (ma-vi) y los sábados.

✕ Una pausa

El **Café Ombú Cartuja** (☎ 687 240 462; 🕘 8.00-15.00 do y lu, 8.00-20.00 ma-sa), en un espacio privilegiado dentro del conjunto monumental, ofrece buenos desayunos, con zumo de las naranjas del huerto, tapas y raciones.

Fábrica de Pickman

El inglés Charles Pickman adquirió La Cartuja, ya deteriorada, en 1839 e instaló en ella una fábrica de loza y porcelana que tomó el nombre del conjunto y que funcionó hasta 1982. De su etapa fabril, el monasterio ha heredado cinco impresionantes hornos tipo botella y varias instalaciones que el CAAC utiliza para impartir talleres. Los restos de los azulejos que se fabricaron en el recinto cubren, a modo de *collage*, una de las puertas interiores.

La colección

Además de organizar exposiciones temporales, el CAAC posee una colección permanente con obras que abarcan desde mediados del s. XX hasta la actualidad. Están representados artistas andaluces como Equipo 57, Manuel Barbadillo, Carmen Laffón, Luis Gordillo, Guillermo Pérez Villalta, Chema Cobo, Pepe Espaliú, Curro González o Patricio Cabrera. Sus fondos, heredados del Museo de Arte Contemporáneo de Sevilla y engrosados con adquisiciones y donaciones, incluyen creadores internacionales como Louise Bourgeois, Francis Bacon, Valie Export o Bill Viola.

Detalle de la obra *Alicia*, de Cristina Lucas, en el Centro Andaluz de Arte Contemporáneo.

Collage de azulejos en una de las puertas de La Cartuja.

JULIA MLOZANO/SHUTTERSTOCK ©

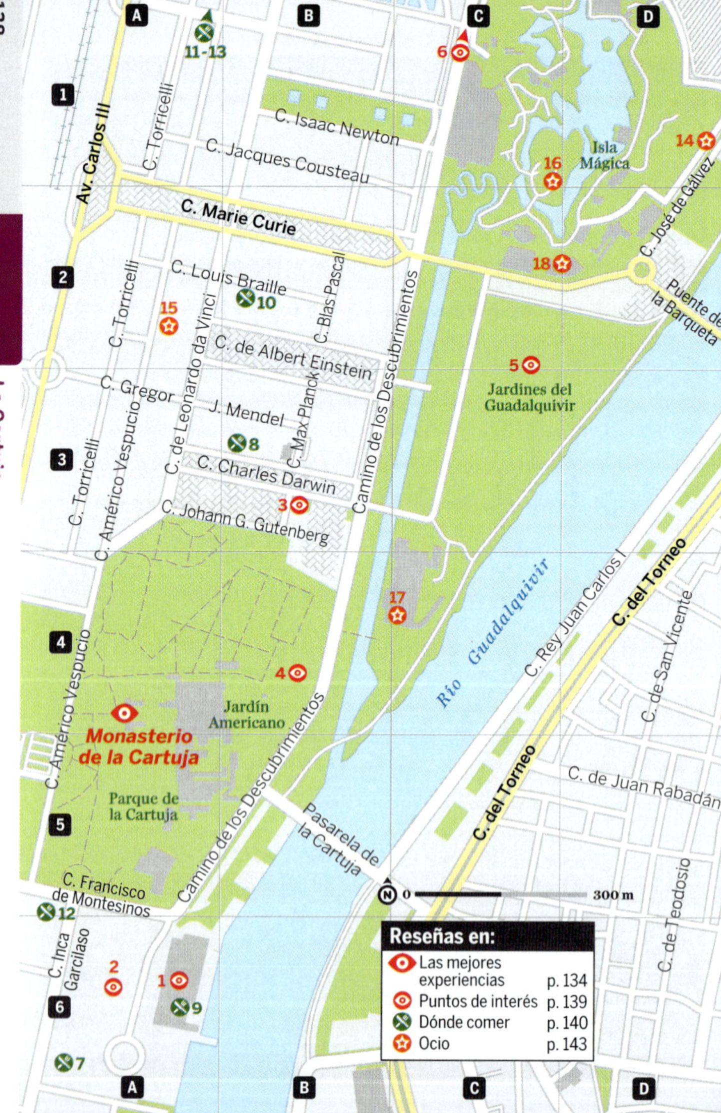

A
B
C
D
1
2
3
4
5
6
11-13
6
C. Isaac Newton
C. Jacques Cousteau
Av. Carlos III
C. Torricelli
C. Marie Curie
Isla Mágica
16
14
18
C. José de Gálvez
C. Louis Braille
10
15
C. Blas Pascal
Puente de la Barqueta
C. de Albert Einstein
Camino de los Descubrimientos
5
Jardines del Guadalquivir
C. Gregor J. Mendel
C. de Leonardo da Vinci
C. Américo Vespucio
C. Max Planck
8
C. Charles Darwin
3
C. Johann G. Gutenberg
17
Río Guadalquivir
C. Rey Juan Carlos I
C. del Torneo
C. de San Vicente
4
Monasterio de la Cartuja
Jardín Americano
Parque de la Cartuja
C. de Juan Rabadán
Pasarela de la Cartuja
C. Francisco de Montesinos
12
C. Inca Garcilaso
2
1
9
7
0
300 m
C. de Teodosio
Reseñas en:
Las mejores experiencias p. 134
Puntos de interés p. 139
Dónde comer p. 140
Ocio p. 143

Puntos de interés

Pabellón de la Navegación

ARQUITECTURA, CENTRO EXPOSITIVO

1 PLANO P. 138, A6

Obra de Vázquez Consuegra, este premiado edificio con vocación marinera acoge la exposición permanente *Sevilla y la navegación atlántica*, además de muestras temporales. La visita incluye la **torre Schindler** (10.30-13.00 y 16.30-18.30 ma-sa, 10.30-14.00 do), una atalaya de 65 m a la que se puede subir y en el interior de la cual se narra la historia de la ciudad. (954 043 111; www.pabellondelanavegacion.es; camino de los Descubrimientos 2; general/reducida/menores de 5 años 6/4 €/gratis; 10.00-19.30 ma-sa, 10.00-15.00 do, 10.00-15.00 ma-do med jun-med sep; 5, C1 y C2)

Torre Schindler.

CaixaForum Sevilla

CENTRO EXPOSITIVO

2 PLANO P. 138, A6

Una enorme puerta de espuma traslúcida de aluminio da la bienvenida al nuevo CaixaForum de Sevilla, abierto en el 2017, un proyecto del arquitecto sevillano Guillermo Vázquez Consuegra que convirtió un aparcamiento de Torre Sevilla en un luminoso centro cultural con extensos espacios expositivos. Se ofrecen exposiciones, teatro, talleres, conciertos... y hasta visitas guiadas por el edificio, con varios premios de arquitectura. (955 657 611; www.caixaforum.es/es/sevilla; c. López Pintado s/n. Torre Sevilla; general/menores de 16 años y clientes de Caixabank 6 €/gratis; 10.00-20.00 lu-do, 10.00-22.00 lu-do jul y ago; C1, C2, 5 y 6)

Tres Culturas

FUNDACIÓN

3 PLANO P. 138, B3

El pabellón de Marruecos de la Exposición Universal de 1992, ejemplo de la mejor arquitectura tradicional marroquí, es la sede de la Fundación Tres Culturas del Mediterráneo, que propicia el encuentro entre musulmanes, judíos y cristianos. El lugar acoge conciertos, exposiciones, debates, cine, etc., además de ofrecer visitas guiadas por el pabellón en inglés, francés y español, previa cita. Solo está abierto cuando hay actividades. (954 088 030; www.tresculturas.org; c. Max Planck 2; gratis; C1 y C2)

Jardín Americano

JARDÍN

4 PLANO P. 138, B4

Este jardín reúne nada menos que 350 especies de árboles y plantas americanas agrupadas en distintos ambientes, 12 de ellas muy especiales, como el cedro real o la pacana. Creado en 1992, el jardín de 2 Ha reabrió en el 2012 con una novedad: una pasarela fluvial que discurre paralela a la orilla del río y ofrece otra perspectiva del conjunto. (955 473 232; camino de los Descubrimientos s/n, antiguo pabellón de la Naturaleza; entrada gratis; 7.30-22.00 lu-do nov-mar, 7.00-24.00 lu-do abr-oct; C1 y C2)

Jardines del Guadalquivir

JARDÍN

5 PLANO P. 138, C2

En sus 8 Ha conviven la naturaleza en estado casi salvaje, zonas ajardinadas y un conjunto de obras de arte contemporáneo realizadas ex profeso para este espacio, la mayor zona verde que tuvo la Expo 92. Tras 19 años de abandono, los jardines reabrieron en el 2011 para convertirse en un paseo que recuerda los paisajes enmarañados del romanticismo. (955 473 232; c. Matemático Rey Pastor y Castro s/n; entrada gratis; 7.30-22.00 lu-do nov-mar, 7.00-24.00 lu-do abr-oct; C1 y C2)

Parque del Alamillo

PARQUE

6 PLANO P. 138, C1

Es el gran parque metropolitano de Sevilla y su zona de recreo familiar por excelencia. Creado también en 1992, el lugar supone 60 Ha de bosque mediterráneo en torno a dos lagos, además de un antiguo cortijo, donde se organizan numerosas actividades culturales en verano, y un gran naranjal. (955 516 141; www.parquedelalamillo.org; cortijo del Alamillo; gratis; 7.00-20.00/2.00 lu-do, cierre según la estación; C1 y C2)

Dónde comer

El Duende

MEDITERRÁNEA **€€€**

7 PLANO P. 138, A6

Ubicado en el piso 34 de Torre Sevilla, el edificio de César Pelli de 180 m –el más alto de Andalucía– terminado en el 2016, las impresionantes vistas de la ciudad, la dársena y el río son indudablemente su gran gancho, aunque la carta, basada en recetas tradicionales, es corta pero igualmente interesante. Adjunto está el Bar Lobby, solo para clientes del restaurante o del hotel Eurostars que también alberga el rascacielos. El mirador de la planta 37, donde hay varias barras más, ofrece una panorámica de 365° de la ciudad. (954 466 022; www.restauranteelduendesevilla.com; c. Gonzalo Jiménez Quesada 2, Torre Sevilla; principales 22-40 €; almuerzo y cena lu-do; Mirador planta 37 adultos/ 5-11 años/ hasta 4 años 8/6 €/gratis, de 19.00-1.00 el precio es 16 € con consumición; 11.00-19.00 do-ju, 11.00-1.00 vi y sa; C1, C2, 5 y 6)

Sabina

ANDALUZA €€€

8 PLANO P. 138, B3

El restaurante más consolidado de la isla, en funcionamiento desde el 2003, está rodeado por grandes ventanales y decorado con acogedoras maderas. Tiene una buena oferta de carnes, incluido el tradicional rabo de toro, y una bodega donde se guardan más de un centenar de referencias de vinos de toda España. (954 081 300; www.restaurantesabina.com; c. Charles Darwin 7; principales 12-35 €; desayuno y almuerzo lu-vi, almuerzo sa, 2ª y 3ª semana ago cerrado; C1 y C2)

Azajal

ESCUELA DE HOSTELERÍA €

9 PLANO P. 138, A6

Cuesta conseguir una reserva en el restaurante de la Escuela de Hostelería de Sevilla, de la que han salido grandes chefs como Ángel León o Julio Fernández, pero merece la pena tanto por la calidad del menú, que cambia a diario, como por su espléndida ubicación, a orillas del Guadalquivir junto al pabellón de la Navegación. La escuela, ubicada en La Cartuja desde el 2015, cuenta con 450 alumnos de cocina, sala y pastelería que hacen sus prácticas en Azajal. (637 211 957; www.esh.es; hreservas 9.00-13.00 y 16.00-18.00 lu-vi; Camino de los Descubrimientos 2; menú 14 €, menú degustación 30 €; almuerzo lu-vi laborables 15 sep-15 jul; 5, C1 y C2)

Entrada del CaixaForum (p. 139).

La Abuela Luna

INTERNACIONAL €

9 PLANO P. 138, B2

En la planta baja del antiguo pabellón de Canadá, uno de los más visitados en 1992, este restaurante ofrece una carta sin pretensiones en un ambiente agradable. Frecuentado por trabajadores de la zona. (954 461 390; www.restauranteabuelaluna.com; c. Leonardo da Vinci 12; principales 8,90-15,50 €, menú ejecutivo 11,90 €; 8.00-17.00 lu-vi; C1 y C2)

Casa Manuela

SEVILLANA €

11 PLANO P. 138, A1

Un concurrido lugar para reponer fuerzas en la isla rodeado de estudiantes y trabajadores de la zona. Además del restaurante, el negocio incluye el bar El Cartujano, el local contiguo, con una buena terraza para disfrutar de sus tapas al sol. Platos sencillos y algunos guisos caseros. (954 912 988; c. Américo Vespucio 41; tapas 3-3,50 €, principales 5-13,50 €, menú 11 €; 7.00-18.00 lu-vi, 7.00-17.00 lu-vi jul y ago; C1 y C2)

Fogón de Cartuja

BAR, AUTOSERVICIO €

12 PLANO P. 138, A5

El edificio inteligente de la Expo 92, diseñado por Antonio Vázquez de Castro, con su enorme patio cubierto por una gran pirámide truncada de cristal, acoge este relajante rincón para descansar y reponer fuerzas, además de admirar su arquitectura. El local cuenta con un bar y un comedor autoservicio con platos vegetarianos y donde siem-

Pabellón de Marruecos en la Expo 92.

Exposición Universal de 1992

Sevilla nunca experimentó antes una transformación tan grande en tan poco tiempo. En 1982 la capital andaluza optó a ser la sede de la Exposición Universal, destinada a conmemorar el quinto centenario del Descubrimiento de América, bajo el lema *La Era de los Descubrimientos*. En 1987 comenzaron las obras que convertirían la isla de La Cartuja en su sede y la construcción de los grandes equipamientos que sacarían a la ciudad de la modorra en la que estaba sumida desde la Guerra Civil, una contienda que quebró el sueño de progreso de su anterior gran exposición universal, la de 1929. Entre otras, las novedades incluyeron el cambio de ubicación de la estación de trenes –Santa Justa–, lo que permitió desmantelar las vías que corrían paralelas al río y derribar el muro que separaba la ciudad del Guadalquivir; nuevas carreteras; otra terminal aeroportuaria; la puesta en marcha de la Alta Velocidad Española (AVE), Madrid-Sevilla; y la construcción de seis nuevos puentes urbanos. En resumen, en poco más de una década, Sevilla volvió a ser, por unos pocos meses, el centro del mundo: "Puerto y puerta de América", como en el s. XVI.

pre hay guisos caseros. (636 286 149; c. Inca Garcilaso 3, Edificio Expo; menú 10/12 €; desayuno y almuerzo lu-vi; 5, 6, C1 y C2)

Los Galos

BAR €

13 PLANO P. 138, A1

Uno de los pocos bares en La Cartuja en los que se puede tomar un bocado pasada la hora del almuerzo. Su terraza, su carta sencilla y unos camareros atentos hacen que merezca la pena una parada. (641 209 940; c. Américo Vespucio 5, bloque 1; tapas 3-4,20 €, raciones 5,8-10 €, menús 9/10,20 €; 7.00-19.00 lu y ma, 7.00-20.30 mi-vi, 7.00-12.00 15-31 ago; 5, 6, C1 y C2)

Ocio

Teatro Central

TEATRO, MÚSICA, DANZA

14 PLANO P. 138, D1

Cuando se inauguró, en 1992, era uno de los espacios escénicos mejor equipados de Europa, y aunque otros teatros lo han superado tecnológicamente, su programación está entre las más atrevidas y vanguardistas del panorama nacional. El Central es uno de los puntales culturales de la ciudad. Cuenta con un amplio y animado bar, abierto solo cuando hay funciones. (955 542 155; www.teatrocentral.es; c. José de Gálvez 6; entradas 18/25 €; C1 y C2)

Cartuja Center CITE TEATRO, MÚSICA, DANZA, INFANTILES

15 PLANO P. 138, A2

Gran espacio escénico, inaugurado en el 2018, que es capaz de albergar a 3500 personas en un concierto o también montajes más íntimos en una sala con 420 butacas. Su versatilidad le permite programar desde musicales, conciertos de *rock*, flamenco, danza o teatro. Ofrece una amplia programación durante todo el año. (955 519 125; www.cartujacenter.com; c. Leonardo da Vinci 7; entradas 20/120 €; 19.00 y otros; C1 y C2)

Isla Mágica PARQUE DE ATRACCIONES

16 PLANO P. 138, C1

Piratas, navegantes y mayas conviven en esta recreación de los tiempos de la conquista de América y la Sevilla del Siglo de Oro. Un parque con grandes atracciones como El Jaguar, una montaña rusa suspendida, o El Desafío, una torre de 68 m con caída libre para los más atrevidos. O para los que no gustan de emociones fuertes está el área familiar Isla Calavera, en la que todo gira en torno a un volcán. Consúltense los días de cierre. (954 487 030; www.islamagica.es; rotonda Isla Mágica s/n; general/reducida/niños 4-10 años 27-37/17/22-24 €, hasta 4 años gratis; 11.00-19.00/24.00 med. abr-oct; C1 y C2)

Auditorio Rocío Jurado MÚSICA

17 PLANO P. 138, C4

Creado para los grandes fastos de la Expo 92, este inmenso auditorio al aire libre, con capacidad para

Cartuja Center CITE.

FIONA FLORES WATSON/LONELY PLANET ©

Isla Mágica.

8000 espectadores y un escenario de 3000 m², acoge conciertos de *rock*, pop, flamenco o cualquier otra música capaz de atraer a multitudes. (954 467 408; www.auditoriorociojurado.com; camino de los Descubrimientos 6; entradas 15/90 €; según espectáculo, dic-mar cerrado; C1 y C2)

La Catedral del Flamenco TABLAO-RESTAURANTE

18 PLANO P. 138, C2

El tablao El Palacio Andaluz, ya con casi tres décadas a sus espaldas, se mudó a finales del 2019 al antiguo pabellón de Cruzcampo para la Expo 92, un edificio en el que todo gira en torno al flamenco e incluye un museo con su caseta de la Feria de Abril y todo, para los que no conozcan la fiesta. Los bailaores Emilio Ramírez *El Duende* y María Damaro encabezan un elenco de 14 artistas que a diario ofrece dos funciones. El público tiene la opción de ver el espectáculo con una copa o también con tapas. (954 534 720; www.elpalacioandaluz.com; c. Matemáticos Rey Pastor y Castro 4; entrada con consumición/cena de tapas 48/75 €, menores de 7-14 años 50% de descuento, niños hasta 6 años gratis; 19.00 y 21.30 lu-do; C1 y C2)

Guía práctica

Plaza de España (p. 115)
ZU SANCHEZ PHOTOGRAPHY/GETTY IMAGES ©

Antes de partir

Reservas

Webs útiles

Lonely Planet (www.lonelyplanet.es/alojamientos) Recomendaciones y reservas.

Splendia (www.splendia.com) Algunos de los hoteles más asombrosos de la ciudad.

Explore Seville (www.exploreseville.com) Selección de alojamientos céntricos.

Central de Reservas (www.centraldereservas.com) Buena atención al consumidor.

Hotelopia (www.hotelopia.es) Página donde encontrar ofertas.

Airbnb (www.airbnb.es) Alquiler de apartamentos en el centro.

Económico

Hostel TOC (www.tochostels.com/sevilla) Céntrico y de diseño, ofrece dormitorios colectivos y habitaciones familiares con vistas.

Hostal Hom Museo (www.hommuseo.com) Elegante casa del s. XIX renovada en el 2021 y cerca del Museo de Bellas Artes.

Hotel Simón (www.hotelsimonsevilla.com) Céntrico y con buena relación calidad-precio, además de un bonito patio.

Hotel Madrid (www.hotelmadridsevilla.es) Cerca del Museo de Bellas Artes y la plaza de toros, familiar y con un personal muy servicial.

Oasis Backpackers (www.oasissevilla.com) Dos albergues céntricos con dormitorios colectivos y terraza.

Urban Sevilla (www.urbansevilla.es) Divertido albergue de habitaciones individuales y dobles, con baño compartido.

The Nomad Hostel (www.thenomadhostel.com) Con habitaciones de 2 a 10 camas con baños privados o compartidos y una animada terraza.

Precio medio

Hotel Inglaterra (www.hotelinglaterra.es) Todo un clásico

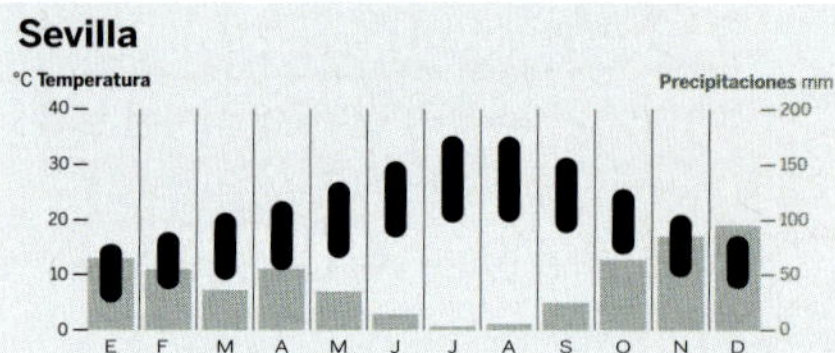

Cuándo ir

- **Invierno (dic-feb)** Diciembre es el mes más lluvioso y enero, el más frío, con una media de 10°C y muchos días soleados.
- **Primavera (mar-may)** La mejor época, aunque con aglomeraciones en Semana Santa y la Feria de Abril.
- **Verano (jun-ago)** Las temperaturas sobrepasan los 30°C y en julio, los 40°C. Quienes pueden abandonan la ciudad en julio y agosto.
- **Otoño (sep-nov)** Septiembre es uno de los mejores meses. En octubre y noviembre puede llover, pero con temperaturas agradables.

abierto en 1857 con personalidad y bellas vistas desde su privilegiada terraza.

Hotel Amadeus (www.hotelamadeussevilla.com) Una casa del s. XVIII en la que reina la música clásica.

Hotel Doña María (www.hdmaria.com) Habitaciones elegantes en este clásico sevillano que incluye una magnífica estampa desde su terraza.

Hotel Un Patio en Santa Cruz (www.patiosantacruz.com) Habitaciones luminosas y coloridas en un hotel que apuesta por la sencillez y la comodidad.

Hotel Vincci La Rábida (www.vinccihoteles.com) Lujoso patio con columnas de mármol y un buen restaurante en la azotea.

Precio alto

Hotel Palacio de Villapanes-Alma Sevilla (www.palaciovillapanes.com) Edificio palaciego en el que el lujo no está reñido con un interiorismo moderno.

Hotel Alfonso XIII (www.hotel-alfonsoxiii-sevilla.com) Este hotel de 1929 ha sido desde siempre el referente de lujo de la ciudad.

Corral del Rey (www.corraldelrey.com) Casa-palacio del s. XVII cuya meticulosa restauración ha conseguido detener el tiempo.

Hotel EME Catedral (www.emecatedralmercer.com) Una vuelta de tuerca más al mudéjar, pero ésta adaptada al gusto del s. XXI, coronado por una concurrida terraza de copas.

Hotel Fontecruz Seises (https://losseises.fontecruzhoteles.com) Lujo en pleno barrio de Santa Cruz, incluido el patio del que fue Palacio Arzobispal.

Hotel Soho Boutique Catedral (www.sohohoteles.com/destinos/hotel-soho-boutique-catedral-4/) Confort y funcionalidad frente a la catedral, además de una buena terraza.

H10 Casa de la Plata (www.h10hotels.com/es/hoteles-sevilla/h10-casa-de-la-plata) Un refugio en pleno barrio de la Alfalfa. Su terraza tiene vistas a la iglesia del Salvador.

Hotel Querencia de Sevilla (www.espanol.marriott.com/hotels/travel/svqas-querencia-de-sevilla-autograph-collection) Ideal para los amantes de la tauromaquia y con una estupenda ubicación.

Hotel Kivir (www.hotelkivir.com) Luz y contemporaneidad en un establecimiento que mira al puente de Triana y cuenta con una atractiva terraza.

Apartamentos

Espacio Eslava (www.espacioeslava.com) Tres lujosos apartamentos céntricos y un *penthouse*, todos con terraza.

Sevilla5.com (www.sevilla5.com/apartments/apartamentos-sevilla.html) Herramienta útil con información para elegir apartamento.

Apartamentos Campana (www.apartamentoscampana.com) Una céntrica casa palacio del s. XIX que alberga 14 apartamentos perfectamente equipados. También para estancias largas.

Apartamentos Suites Santa Cruz (www.apartamentossantacruz.com) Operador especializado en este bello y turístico barrio epónimo.

Cómo llegar

Aeropuerto de Sevilla

Autobús Especial Aeropuerto (EA) (955 010 010; ida/ida y vuelta 4/6 €; 4.30-1.00) sale cada 25-30 min de la terminal con destino a la plaza de Armas (30 min), a través de las estaciones de Santa Justa y San Bernardo y el paseo de Colón. Los billetes se sacan a bordo. La ida y vuelta solo es válida para el mismo día de la compra.

Cómo desplazarse

Autobús

Los **autobuses de TUSSAM** (955 010 010; www.tussam.es) circulan de 5.00 a 2.00, según la línea.

A partir de las 24.00, operan 10 **líneas nocturnas** (A1, A2, A3, A4, A5, A6, A7, A8, N16 y N29) hasta las 2.00, hasta las 6.00 los viernes, sábados y vísperas de festivos. Todas las rutas salen del Prado de San Sebastián, con una frecuencia de 20-60 min. El billete sencillo cuesta 1,40 €, como el diurno, y se puede sacar en el autobús.

Metro Centro

Es un **tranvía** (955 010 010; www.tussam.es) de línea única, la **T1,** que recorre la principal arteria peatonal de la ciudad, la avenida de la Constitución. Es muy práctico para personas con dificultades de movilidad en una zona en la que está prohibido el tráfico. Funciona de 6.00 a 23.30 de lunes a viernes, de 6.00 a 1.44 los sábados y de 7.00 a 23.38 los domingos. Los billetes, los mismos que para los autobuses, se pueden sacar al subir o en las máquinas expendedoras de las paradas.

Metro

Metro de Sevilla (954 540 785; www.metro-sevilla.es) gestiona una sola línea, de Ciudad Expo a Olivar de Quintos. La Línea 1 tiene 22 estaciones, en su mayoría ubicadas fuera del centro de la ciudad.

Existe un bono de un día (4,50 €) y el billete sencillo cuesta de 1,35 a 1,80 €.

El metro funciona de 6.30 a 23.00 de lunes a jueves, de 6.30 a 2.00 los viernes y vísperas de festivos, de 7.30 a 2.00 los sábados y de 7.30 a 23.00 los domingos y festivos.

Bicicleta

- El Ayuntamiento ha creado una amplia red de carriles-bici por todo el centro y ofrece un servicio de alquiler que cuenta con más de 2500 bicicletas repartidas por 263 aparcamientos, con una distancia máxima de 300 m entre ellos.
- **Sevici** (900 900 722; www.sevici.es; se alquilan con tarjeta de crédito en los puntos interactivos de los aparcamientos; bono 7 días 13,33 €, bono larga duración 33,33 €) bloquea 150 € de la tarjeta bancaria del usuario en concep-

Billetes y pases

- Para los autobuses y el Metro Centro, sale más económico comprar una tarjeta multiviaje recargable (desde 7 €) que un billete sencillo (1,40 €). Ambos servicios ofrecen tarjetas turísticas para viajes ilimitados de uno (5 €) y tres días (10 €).
- Las tarjetas se pueden adquirir en los puntos de información de TUSSAM, así como en el aeropuerto, la estación de trenes de Santa Justa y algunos hoteles. El metro de Sevilla cuenta con un bono de un día (4,50 €) y el Bono Plus 45 que, según los tramos, cuesta 30-42-50 € y reduce el precio de cada viaje. Mientras se redactaba esta guía los bonos costaban el 50% (15-21-25 €) como medida a causa de la inflación.

to de fianza durante el período de validez del servicio. Los primeros 30 min son gratis.

- Otras empresas que alquilan bicicletas son **Rentabike** (www.rentabikesevilla.com), **Bici-4-City** (https://bici4city.com) o **Centerbici** (www.centerbici.com).

Motocicleta y Segway

- Varias empresas alquilan motocicletas, motos eléctricas y Segways para recorrer la ciudad de forma más dinámica, entre ellas Tour Way (www.entourway.com), Sevilla Tours (www.sevillatours.es) y Acciona (www.acciona-motosharing.com).

Taxi

- Los taxis tienen precios razonables, con el taxímetro a la vista; p. ej., la carrera de la Plaza Nueva al parque de María Luisa cuesta unos 8-10 €.
- Se pueden solicitar por **teléfono** (☎954 580 000, 954 571 111, 954 622 222, 658 904 289) o pararlos en la calle.

Información esencial

Descuentos

El Gobierno andaluz trabaja en la creación de la Tarjeta Turística Cultural de Andalucía, que incluirá información sobre 58 monumentos y espacios culturales y sobre la red de museos, y ofrecerá reducciones en las entradas y otras ventajas, pero al cierre de esta edición aún no estaba en vigor.

Tique único La entrada al Real Alcázar incluye también la visita a otros espacios de gestión municipal (Antiquarium, Colección Bellver, castillo de San Jorge y Centro Cerámica Triana), siempre que se realice en la misma jornada. Basta con presentar la entrada del Real Alcázar.

Carnés de estudiante Descuentos o entrada gratis en algunos puntos de interés.

Consejos para ahorrar dinero

- Informarse de los horarios gratis de cada punto de interés (p. 26).
- Para almorzar, optar por el menú en los restaurantes o tomar tapas.
- Comprar tarjetas turísticas de uno o tres días para el autobús y el Metro Centro (p. 151).

Dinero

- **Moneda** Euro (€).
- **Cajeros automáticos** Los hay por doquier; suelen cobrar una comisión a reintegros efectuados con tarjetas extranjeras.
- **Cambio de divisas** Los bancos y las cajas de ahorros ofrecen las mejores tarifas; hay que presentar el DNI o el pasaporte.
- **Tarjetas de crédito y débito** Casi todos los hoteles, restaurantes y tiendas las aceptan, quizá pidan el DNI u otra identificación con fotografía.

Fiestas oficiales

Muchas tiendas cierran y los lugares de interés suelen reducir sus horarios los siguientes días:

Año Nuevo 1 de enero

Reyes Magos 6 de enero

Día de Andalucía 28 de febrero

Jueves Santo marzo/abril

Viernes Santo marzo/abril

Miércoles de Feria abril/mayo

Día del Trabajo 1 de mayo

Corpus Christi mayo/junio (el 9º jueves después de Pascua)

Fiesta de la Asunción 15 de agosto

Día de la Hispanidad 12 de octubre

Día de Todos los Santos 1 noviembre

Día de la Constitución 6 de diciembre

Fiesta de la Inmaculada Concepción 8 de diciembre

Navidad 25 de diciembre

Horario comercial

Si no se indica lo contrario, el habitual es el siguiente:

Bancos 9.00-14.00 lu-vi; algunos también 16.00-19.00 ju

Oficinas de correos céntricas 8.30-20.30 lu-vi. La oficina principal está en la avenida de la Constitución 32

Restaurantes Almuerzo 13.00-16.00, cena 20.30-24.00

Tiendas 10.00-14.00 y 16.30-19.30 o 17.00-20.00

Información turística

Oficinas de turismo en Sevilla (Ayuntamiento: www.visitasevilla.es, Diputación: www.turismosevilla.org) Las principales son:

Prodetur (☎954 210 005; www.turismosevilla.org; pl. Triunfo 1; ⏰9.00-19.30 lu-vi, 9.30-19.30 sa, do y fest; T1 C5 M Puerta de Jerez)

Centro de Atención Integral al Visitante (☎955 471 232/955 471 277; www.visitasevilla.es; paseo Alcalde Marqués de Contadero s/n; ⏰9.30-

Precios de los restaurantes

Precios de un plato principal:

Económico	€	hasta 25 €
Precio medio	€€	25-35 €
Precio alto	€€€	desde 35 €

15.00 lu-vi; T1 C3, C4, C5, 3, 6, 40 y 41 M Puerta de Jerez)

Triana-Castillo San Jorge (955 470 255; www.visitasevilla.es; pl. del Altozano s/n; 10.00-15.00 lu-do; C4, C5, 3, 40, 41 y 43)

Guías Turísticos oficiales (www.showmesevilla.com; www.auits.com)

Precauciones

- Los pequeños delitos y los robos son un problema en cualquier ciudad; el visitante debe mostrarse siempre precavido, especialmente en sitios con aglomeraciones como las procesiones de Semana Santa. Existe un servicio de **Policía Turística** (625 150 606; 8.00-22.00 lu-do y fest) que se ocupa de atender a los visitantes y los acompañan en caso de que necesiten hacer una denuncia.

Teléfono

Móviles

En algunos lugares venden tarjetas SIM locales que se pueden utilizar en teléfonos móviles de otros países. Los estadounidenses deben ajustar sus aparatos al sistema de itinerancia o comprar uno local y una tarjeta SIM. Antes de viajar conviene informarse con el operador propio sobre cómo activar la itinerancia de datos móviles. En la UE los servicios de *roaming* pueden usarse a precios nacionales.

Prefijos

Acceso internacional 00

España 34

Urgencias

Ambulancia y **UVI móvil** 061

Sanidad, protección civil y seguridad ciudadana 112

Bomberos 112/062

Policía local 092

Viajeros con discapacidades

Accesibilidad Consúltese la página de Predif (Plataforma Representativa Estatal de Personas con Discapacidad Física; www.predif.org). El 99% de los autobuses y todos los vagones del Metro Centro son accesibles para personas con movilidad reducida.

Taxis accesibles (954 622 222) y **Eurotaxi** (www.eurotaxisevilla.com; 658 904 289) Servicio de taxis adaptados a personas con necesidades especiales.

Visados

Países de la UE y del espacio Schengen No se necesita visado.

EE UU No se necesita visado para visitas turísticas de hasta 90 días.

Otros países Consúltese a la embajada o consulado español respectivo.

Entre bastidores

Actualización y sugerencias

Si el lector encuentra cambios en los lugares descritos u otros recién inaugurados, le agradeceremos que escriba a Lonely Planet en geoplaneta@planeta.es para mejorar la próxima edición. Todos los mensajes se leen, se estudian y se verifican. Quienes escriban verán su nombre reflejado en el capítulo de agradecimientos de la siguiente edición. Determinados fragmentos de la correspondencia de los lectores podrían aparecer en nuevas ediciones de las guías Lonely Planet, en la web de Lonely Planet, así como en la información personalizada. Se ruega a todo aquel que no desee ver publicadas sus cartas ni que figure su nombre que lo haga constar.

Agradecimientos

Muchas gracias a todos los amigos que me han hecho esta ciudad tan querida, que han convertido Sevilla en un lugar sin el cual no entendería la vida. Y mi agradecimiento especial a aquellos que han compartido su tiempo y sus conocimientos conmigo para que esta guía sea una realidad: Marisa Gascón, Carlos Núñez, David Sánchez, Guillermo Vázquez Consuegra, Víctor Pérez Escolano, Pedro Torrent, Fernando Repiso, Pepa Sánchez y, muy especialmente, Raúl López Saá.

Reconocimientos

Fotografía de cubierta: la Giralda desde el Real Alcázar. Domingo Leiva/Getty Images ©
Fotografía de contracubierta: la plaza de España al atardecer, José Ramiro Laguna/Shutterstock ©

Índice

Véanse también los subíndices:
Dónde comer p. 157
Dónde beber p. 158
Ocio p. 158
De compras p. 158

Puntos de interés 000
Planos **000**

F

G

H

I

Puntos de interés 000
Planos **000**

J

M

N

P

Dónde comer

Dónde beber

Ocio

De compras

Puntos de interés 000
Planos 000

La autora

JULIÁN ROJAS ©

Margot Molina

Nacida en Málaga, llegó a Sevilla en 1988 "para unos meses" que se alargaron hasta hoy. Margot Molina es periodista y viajera, o viceversa, según el momento. De sus antepasados romanos ha heredado una máxima que rige su vida: *carpe diem*. Ese gusto por vivir el momento del que se contagian todos aquellos que, como ella, se dejan embaucar por Sevilla. Especialista en periodismo cultural, sección de la que forma parte en el periódico *El País* desde ese mismo 1988 hasta el 2022, ha viajado por buena parte del mundo (Europa, África, Oriente Medio, Asia y América) y ha escrito sobre sus periplos en el periódico en el que trabaja y en revistas especializadas también es autora de *Málaga de cerca* y coautora de *A una hora de...*, ambas editadas por Lonely Planet.

geoPlaneta
Av. Diagonal 662-664, 08034 Barcelona
viajeros@lonelyplanet.es
www.geoplaneta.com – www.lonelyplanet.es

Lonely Planet Global Limited
Lonely Planet Global Limited, Digital Depot,
The Digital Hub, Dublín, D08 TCV4, Irlanda
(oficinas en Reino Unido, Australia y Estados Unidos)
www.lonelyplanet.com
Contacta con Lonely Planet en: lonelyplanet.com/contact

Sevilla de cerca
4ª edición en español – junio del 2023
1ª edición – junio del 2013

Editorial Planeta, S.A.
Av. Diagonal 662-664, 7º. 08034 Barcelona (España)
Con la autorización para la edición en español
de Lonely Planet Global Limited, Digital Depot,
The Digital Hub, Dublín, D08 TCV4, Irlanda

ISBN: 978-84-08-27119-2
Depósito legal: B. 1755-2023
Impresión y encuadernación: Unigraf
Printed in Spain – Impreso en España